Siegfried Großmann

Ich möchte hören, was Du sagst

Siegfried Großmann

Ich möchte hören, was Du sagst

Beten als Gespräch mit Gott

BRUNNEN
VERLAG GIESSEN · BASEL

REIHE „GEISTLICH LEBEN“
Herausgegeben von Jörg Ohlemacher
in Zusammenarbeit mit Reinhard Deichgräber,
Siegfried Großmann, Ingrid Reimer und Inge Wilckens
im Auftrag der Stiftung Geistliches Leben

2. Auflage 2002

Umschlagmotiv: PhotoDisc, Hamburg
Umschlaggestaltung: Ralf Simon
Satz: DTP Brunnen
Herstellung: St.-Johannis-Druckerei, Lahr
ISBN 3-7655-5496-0

INHALT

Zur Einführung

Mein Gott, auf dich vertraue ich;
lass mich nicht zuschanden werden.
Deine Wege, Herr, tue mir kund,
deine Pfade lehre mich.
Der Herr zieht ins Vertrauen,
die ihn fürchten.
Aus Psalm 25

So möchte ich beten können: Im vollen Vertrauen auf Gottes Gegenwart schütte ich ihm mein Herz aus und sage ihm alles, was mich bewegt. Er antwortet mir und lässt mich an seinen Gedanken teilhaben. Ich bin ihm so nahe, dass er mich ins Vertrauen ziehen kann und mir seine Wege offenbart. Mein Gebet ist kein Monolog mehr, sondern entwickelt sich zu einem Gespräch, in dem wir uns gegenseitig sagen können, was wir auf dem Herzen haben.

Die Realität sah lange ganz anders aus: Ich sagte Gott immer wieder neu, wie es mir ging, was ich mir wünschte und was er tun sollte. Dabei wusste er das alles viel besser. Und was er dachte, erfuhr ich nicht. Wie sollte er mich ins Vertrauen ziehen, wenn ich keine Möglichkeit fand, auf ihn zu hören? Nachdem ich mir klargemacht hatte, wo mein Unbehagen lag, konnte ich auch mein Ziel formulieren: Ich möchte Gott so begegnen, dass wir uns gegenseitig sagen können, was uns bewegt.

Seitdem mir bewusst ist, wie wichtig der Gesprächscharakter des Gebets ist, habe ich mich auf den Weg gemacht, die kommunikative Seite des Betens zu entdecken. Das hat mich zunächst ziemlich stark verunsichert. Denn das Gebet als Gespräch mit Gott ist in der geistlichen Praxis unserer Kirchen kaum beheimatet. Das ist dort, wo man in der Liturgie lebt, nicht anders als dort, wo das frei formulierte Gebet im Mittelpunkt steht. Gebet ist ausschließlich das, was der Mensch Gott sagt.

Weil ich hier meinen Blick aus einer ungewohnten Perspektive auf das Thema Gebet richte, konzentriere ich mich nur auf diesen Aspekt. So habe ich genügend Raum, diesen weithin vergessenen Bereich des Gebets so zu beschreiben, dass er in die geistliche Praxis umgesetzt werden kann. Dabei gehe ich drei Schritte: Zunächst stelle ich die biblischen Grundlagen des kommunikativen Gebets dar. Dann wende ich das gewonnene Ergebnis auf den Bereich des persönlichen Gebets an. Im dritten Teil frage ich, was das für die Gebetsgemeinschaft und das Gemeindeleben bedeutet.

1. Biblische Grundlagen

Aus der Fülle der biblischen Aussagen über das Gebet habe ich solche Texte ausgewählt, die für unser Thema eine besondere Bedeutung haben. Im Rahmen dieses Buches kann die Auslegung allerdings nur skizzenhaft sein und muss sich auf die Frage konzentrieren, was die ausgewählten Texte über den Gesprächscharakter des Gebets sagen.

Gebetserfahrung im Alten Testament: Gott redet

Im Alten Testament finden wir eine große Vielfalt an Gebetserfahrungen. In allen Lebenssituationen wenden sich die Menschen an Gott und rufen ihn an: Sie bitten und klagen, sie loben und danken, sie beten Gott an – und sie hoffen, dass er ihnen antwortet. Im Alten Testament fällt aber auf, wie oft es auch umgekehrt ist: Gott wendet sich an den Menschen, er ruft ihn und hofft, dass er ihm antwortet. Nach meiner Überzeugung ist das Reden Gottes zum Menschen ebenso Teil des Gebets wie das Reden des Menschen zu Gott. Deshalb müssen wir den Begriff „Gebet" weiter fassen, als es im Allgemeinen unserer Tradition entspricht: Gebet ist jeder Kontakt in Worten oder Gedanken, der sich zwischen Gott und Mensch ereignet, unabhängig davon, wer von beiden die Initiative ergreift.

Ein klassisches Beispiel für die Anrufung des Menschen durch Gott ist die Berufung Samuels zum Propheten (1. Sam. 3,1-18). Der Bericht darüber beginnt mit den Worten: „Da rief der Herr den Samuel." Samuel, jung und unerfahren, hört seinen Namen und denkt, dass ihn der Prophet Eli, sein Mentor, gerufen hat. Eli verneint das, aber als sich der Ruf mehrfach wiederholt, merkt er, dass dieser Ruf nur von Gott kommen kann. Für den Fall, dass Samuel den Ruf noch einmal hört, rät er ihm zu antworten: „Rede, Herr, denn dein Knecht hört." Das befolgt Samuel, und nachdem zwischen ihm und Gott eine echte Gesprächssituation zustande gekommen ist, kann Gott ihm nun auch das prophetische Wort mitteilen, das Eli hören soll.

Noch deutlicher wird der Gesprächscharakter in Abrahams Bitte für Sodom (1. Mose 18,16-33). Nachdem sich Gott entschlossen hat, Sodom zu vernichten, möchte er Abraham nicht vor vollendete Tatsachen stellen: „Der Herr aber sprach bei sich: Sollte ich vor Abraham verbergen, was ich tun will?" So redet er mit ihm und teilt ihm mit, was geschehen soll. Als Abraham das hört, bleibt er „vor dem Herrn stehen" und beginnt, mit Gott zu verhandeln, um ihn von seinem Vorhaben abzubringen. Aus dem Text wird deutlich, wie selbstverständlich es für Abraham ist, mit Gott ein Gespräch zu führen, das Rede und Gegenrede enthält. Es endet damit, dass Gott auf den Vorschlag Abrahams eingeht. Und nachdem das Gespräch beendet ist, heißt es: „Und der Herr ging weg, nachdem er mit Abraham ausgeredet hatte."

Die Menschen im Alten Testament erleben Gott als ein Gegenüber, das mit ihnen ganz natürlich redet. Er spricht sie an, und sie antworten ihm. Und wenn sie Gott ansprechen, erwarten sie, dass Gott ihnen antwortet. Wenn wir das Gesamtzeugnis des Alten Testaments anschauen, ergibt sich eine Balance zwischen dem redenden Gott und dem redenden Menschen. Manchmal ergreift Gott die Initiative, manchmal geht sie vom Menschen aus. Der Mensch, nach dem Bild Gottes geschaffen, ist zur Partnerschaft mit seinem Schöpfer berufen. Obwohl Gott und Mensch ungleiche Partner sind, ist eine vertrauensvolle Beziehung zwischen ihnen möglich. Sie ist das eigentliche Fundament für alle unsere Gebete.

Wie hat Gott nach den alttestamentlichen Berichten eigentlich zu den Menschen geredet? Die Texte vermitteln den Eindruck, dass Menschen wie Abraham oder Samuel Gottes Stimme so gehört haben, als rede ein Mensch zu ihnen. Was hat sich wirklich abgespielt? Ich habe dazu einmal eine eigene Erfahrung gemacht. Als ich bei einer Bergtour allein auf dem Gipfel saß, in einer absoluten Stille, wie man sie auch in den Bergen selten findet, hörte ich Gott direkt mit mir reden. Hinterher wusste ich noch genau, was ich gehört hatte, aber ich konnte nicht entscheiden, ob ich Gott wirklich laut gehört oder nur in meinem Inneren wahrgenommen hatte. Als ich mich fragte, ob diese Unterscheidung überhaupt wichtig sei, musste ich die Frage verneinen. Wichtig war mir, dass ich wusste, was Gott gesagt hatte. Mein Bergerlebnis hat mich ermutigt, das

Reden Gottes unmittelbar zu erwarten, unabhängig davon, in welcher Art ich das erlebe.

Gebetserfahrung im Neuen Testament: Gespräch mit dem Vater

Schon die Wortwahl im Neuen Testament zeigt, wie stark die kommunikative Seite des Gebets ausgeprägt ist. Während im profanen Griechisch *euchomai* für „eine Gottheit anrufen“ verwendet wird, benutzt das Neue Testament für das Beten im grundlegenden Sinn fast immer *proseuchomai. Pros* kann verschiedene Bewegungsrichtungen ausdrücken, das „zu“, das „von“ und das „zwischen“ und zeigt uns dadurch, wie vielfältig unsere Gebetserfahrungen sein können. Im Gebet wendet sich der Mensch an Gott, im Gebet spricht Gott zum Menschen, und das Ziel des Betens ist das Gespräch zwischen beiden.

Meistens beginnt das Gebet damit, dass ich Gott anrufe und ihm meine Anliegen sage. Aber weil ich weiß, dass auch Gott zu mir reden will, versuche ich, hörbereit zu sein. Und wenn die Kommunikation zustande kommt, ist aus dem Gebetsmonolog ein Gebetsgespräch geworden. Wer sich im Gebet an den Vater wendet, kann überall mit ihm reden, auf ihn hören und mit ihm ins Gespräch kommen. In diesem Sinn ist *euchomai* von einem Ausdruck für die Verehrung Gottes zu einem Ausdruck für die Beziehung zu ihm geworden.

Wenn Jesus betet, redet er Gott als seinen Vater an,

und dass wir das ebenso tun dürfen, begründet Paulus: „Denn ihr habt nicht einen Geist der Knechtschaft empfangen, in dem die Furcht bleibt, sondern einen Geist der Kindschaft, in dem wir rufen: Abba, Vater“ (Röm 8, 15). Weil wir Kinder Gottes sind, beten wir nicht zu einem fernen Gott, sondern zum Vater Jesu Christi, denn Jesus hat für uns den Weg zum Vater frei gemacht. Die Beziehung zum Vater im Himmel ist ein Vertrauensverhältnis: Wer ein Anliegen hat, wendet sich an ihn; wer in Not ist, bittet ihn um Hilfe; wer Gutes empfangen hat, dankt ihm; wer von seiner Größe erfüllt ist, betet ihn an. Aber auch Gott hat Anliegen an uns: Im bewussten Hören nehmen wir in unserem Inneren wahr, was er uns sagen will; im schweigenden Einssein wächst die Liebe zu ihm und im Gespräch entwickelt sich das Verständnis für seinen Willen.

Nicht plappern wie die Heiden

Wenn ihr aber betet, sollt ihr nicht plappern
wie die Heiden, denn sie meinen,
dass sie um ihrer vielen Worte willen
erhört werden. Seid ihnen nicht gleich.
Denn euer Vater weiß, was ihr benötigt,
ehe ihr ihn bittet.
Matthäus 6, 7-8

„Plappern wie die Heiden“ bedeutet nach den Worten Jesu, viele Worte zu machen, um erhört zu werden.

Weil man im Heidentum mit seinen vielen Göttern nicht wusste, wer der rechte Gott sei, reihte man im Gebet die Namen vieler Götter aneinander. Weil auch noch die jeweils passenden Beschwörungsformeln genannt werden mussten, ergaben sich daraus lange Gebete. Der Grund dieser Gebetspraxis lag in der Angst, den Zorn jener Götter hervorzurufen, die man beim Beten übersah. Es sind also nicht die vielen Worte an sich, vor denen Jesus warnt, sondern das Gottesbild, das zu den vielen Worten führt. Unser Vater im Himmel ist kein Gott, der kleinliche Rache übt und mit harter Hand eine bestimmte Leistung fordert. Wer betet, weil er Angst hat, den Anforderungen Gottes nicht genügen zu können, steht in der Gefahr, die vertrauensvolle Beziehung zum Vater zu verlieren und damit gesprächsunfähig und schließlich auch gebetsunfähig zu werden.

Jesus meint sicher noch eine zweite heidnische Gebetspraxis, den Versuch, „Gott müde zu beten". Man stellte sich die Götter wie Menschen vor und dachte, wenn man sie lange genug mit seinen Worten belästigte, würden sie schließlich den Wunsch des Beters erfüllen – wie Eltern, die nachgeben, wenn ihr Kind lange genug gequengelt hat. Gott ist ein guter Vater, er wird uns also nichts geben, was uns schadet, und wenn wir ihn noch so lange bestürmen. Und das, was wir brauchen, gibt er uns zur richtigen Zeit. „Gott müde zu beten" nützt also nichts; im Gegenteil, es schadet. Wer hofft, um seiner vielen Worte willen erhört zu werden, versteift sich auf seine eigenen Vorstellungen und wird unfähig, auf Gott zu hören. Er wird solange versuchen, Gott müde zu beten, bis er selbst müde ist.

Wenn ich heute an mein bisheriges Leben zurückdenke, bin ich froh, dass Gott viele meiner Gebete nicht erhört hat. Denn aus dem Rückblick weiß ich, dass die Erfüllung meiner Wünsche an diesen Stellen nicht gut gewesen wäre. So ist es gut, dass Gott in seiner Souveränität seinen Willen über meinen stellt, auch dann, wenn er weiß, dass mir das wehtut. Die Heiden, die keinen Vater im Himmel haben, dafür aber viele rachsüchtige Götter, können nur versuchen, ihre Götter durch Ausdauer und Leistung zufrieden zu stellen. Unser Gebet soll eine andere Zielsetzung haben, denn wir können uns im Vertrauen auf Gottes väterliche Fürsorge für das öffnen, was er uns vermitteln will. Das geht allerdings nur, wenn wir die Erfüllung seines Willens über die Erfüllung unseres Willens stellen und darauf verzichten, ihn immer neu mit unseren Bitten zu bestürmen.

Nicht beten wie die Heuchler

Und wenn ihr betet,
sollt ihr nicht sein wie die Heuchler;
denn sie lieben es, in den Synagogen
und an den Ecken der Straßen stehend zu beten,
damit sie von den Menschen gesehen werden.
Wahrlich, ich sage euch, sie haben ihren Lohn dahin.
Wenn du aber betest, so gehe in deine Kammer,
und nachdem du die Tür geschlossen hast,
bete zu deinem Vater, der im Verborgenen ist.
Und dein Vater, der in das Verborgene sieht,
wird dir's vergelten.
Matthäus 6, 5-6

Jedes echte Gebet wendet sich an Gott, der uns als Vater, Sohn und Heiliger Geist entgegentritt, denn es ist Ausdruck unserer Beziehung zu ihm. Wer vorgibt, zu Gott zu beten, sich aber in Wirklichkeit an Menschen wendet, ist ein Heuchler, „ein Schauspieler, der eine Maske trägt", so die wörtliche Bedeutung. Sein demonstratives Gebet soll seine Stellung in seiner Umgebung verbessern und eine Frömmigkeit vorspielen, die durch seine Gottesbeziehung nicht gedeckt ist. Wer nur so tut, als ob er zu Gott betet, „hat seinen Lohn dahin", denn sein Reden erreicht nur noch die Menschen und hat alle Kraft verloren, die dem echten Gebet verheißen ist. Das öffentliche Gebet steht auch heute in dieser Gefahr. Wer betet, um seinen Zuhörern zu imponieren, ist nach den Worten Jesu ein Heuchler –

gleichgültig, ob er das durch einen faszinierenden Inhalt oder die Dauer seiner Gebetszeit versucht. Solche Gebete bewirken nichts, und sie verhindern, dass die Beter eine wirkliche Begegnung mit Gott erleben.

Jesus gibt den Rat, sich zum Beten an einen einsamen Ort zurückzuziehen, und veranschaulicht das mit dem Bild der Vorratskammer, die zur Zeit Jesu im Allgemeinen außen an das Haus angebaut war. Sie war der einzige Raum, den man abschließen konnte, denn sie war nur von außen zugänglich. Wer in die Kammer ging und die Tür verschloss, konnte nicht mehr in die Gefahr kommen, zu beten, um von den Menschen gesehen zu werden. Das ist aber nicht der einzige Vorzug der Kammer, denn sie ist ein Ort, an dem man in besonderer Weise Gott finden kann, den „Vater, der im Verborgenen ist". Wer allein ist, in einem Raum, der abgeschlossen ist, kann sich besser auf das Gespräch mit Gott konzentrieren. Dazu helfen die Voraussetzungen, die mit dem Gang in die Kammer geschaffen worden sind: Abgeschiedenheit, Stille und das Gefühl, nicht gestört zu werden.

Was meint Jesus damit, dass „Gott im Verborgenen ist" und „ins Verborgene sieht"? Die Abgeschiedenheit unterstützt meine Vorstellungskraft, mit Gott als meinem Vater zu reden, als säße er mir gegenüber. Und weil ich mit ihm allein bin, nützt es nichts, mich zu verstellen, weil er mich ohnehin durch und durch kennt. Die „Verborgenheit" schafft einen intimen Raum, in dem ich mich öffnen kann, zu Gott hin, aber

? Bildhaft

→ Abstrakt: Konzentration.

auch zu mir selbst hin, so dass es zu einer Unmittelbarkeit und Echtheit des Gebets kommt, die ich in einer anderen Situation kaum finden werde. Damit aus meinen Worten, die ich an Gott richte, und den Impulsen, die ich von ihm vernehme, ein Gespräch wird, brauchen wir viel Zeit miteinander. Jesus hat sich diese Zeit genommen, indem er nachts oder am frühen Morgen auf einen Berg ging, wo er über Stunden ungestört beten konnte. Diese Zeit hätte er nicht gebraucht, wenn er seinem Vater nur hätte sagen wollen, was er auf dem Herzen hatte. Er brauchte sie aber, um sich in ein Gespräch zu vertiefen, bei dem sich beide in ihr Herz schauen ließen.

Bittet, so wird euch gegeben

Bittet, so wird euch gegeben;
sucht, so werdet ihr finden;
klopft an, so wird euch geöffnet.
Denn jeder Bittende empfängt,
und der Suchende findet,
und dem Anklopfenden wird geöffnet.
Oder welcher Mensch ist unter euch,
der, wenn sein Sohn ihn um ein Brot bittet,
ihm einen Stein geben wird?
Und wenn er um einen Fisch bittet,
wird er ihm eine Schlange geben?

Wenn nun ihr, die ihr böse seid,
euren Kindern gute Gaben zu geben wisst,
wie viel mehr wird euer Vater, der im Himmel ist,
Gutes geben denen, die ihn bitten?
Matthäus 7,7-11

Ich hatte mit diesem Text lange Zeit große Schwierigkeiten. Denn weil bei weitem nicht alle meine Gebete erhört wurden, verstand ich nicht, was Jesus mit diesem Wort zum Ausdruck bringen wollte. Erst als ich versuchte, den Text von seiner Schlussaussage her zu interpretieren, schloss er sich auf. Denn dort heißt es: Gott gibt das Gute. Das bedeutet natürlich auch, dass Gott nur das geben kann, was für die Bittenden wirklich gut ist. Wenn ich aus diesem Blickwinkel meine Bitten betrachte, verstehe ich sehr wohl, warum Gott so viele meiner Gebete nicht erhört hat, denn er hätte mir damit nur geschadet. Jesus wirbt in seinen Worten darum, dass wir Vertrauen zu Gott fassen: Wenn schon der Mensch Gutes tun kann, wie viel mehr können wir es dann von Gott erwarten. Deshalb kann Gott meine Gebete nur erhören, wenn sie mit seinem Willen übereinstimmen. Und angesichts der verbreiteten Gesprächsunfähigkeit im Verhältnis zu Gott haben wir als Christen keine große Treffsicherheit in der Erkenntnis des Willens Gottes entwickelt.

Ist es dann nicht unlogisch, dass Jesus uns auffordert zu bitten, obwohl Gott viel besser weiß, was wir brauchen, und uns nur das geben kann, was gut für uns ist?

Vom Gesprächscharakter des Gebets her gesehen hat das einen tiefen Sinn. Eine Bitte kann ich nur äußern, wenn ich erkannt habe, dass mir etwas fehlt. Indem ich diese Bitte an Gott richte, drücke ich die Erwartung aus, dass er diesen Mangel beheben kann oder dass es mir durch seine Hilfe gelingt. Durch meine Bitte öffne ich mich also für das Handeln Gottes, und erst dadurch entsteht die Fähigkeit, genauer auf das zu hören, was Gott mir für diesen Bereich sagt. So ist es sinnvoll, dass wir unsere Anliegen vor Gott aussprechen, allerdings nur dann, wenn wir in unserem Gebet auf das Hören eingestellt sind. Denn damit ist meine Bitte nichts anderes als die Eröffnung eines Gesprächs mit Gott, in dem nicht mein Anliegen an ihn, sondern sein Anliegen an mich die Hauptrolle spielt.

Von diesen Erkenntnissen her lese ich nun den Text ganz neu:

Bittet, so wird euch (etwas) gegeben,
sucht, so werdet ihr (etwas) finden,
klopft an, so wird euch (irgendwo) geöffnet.

Gott hört auf alle unsere Bitten, und er antwortet auch auf sie. Aber er erhört uns häufig nicht so, wie wir uns das vorstellen, und er gibt uns nicht immer genau das, was wir erbeten haben. Oft nimmt er uns an der Hand, um uns einen Weg zu zeigen, der besser ist als das, was wir uns bei unserer Bitte gedacht haben. Das kann aber nur dann geschehen, wenn wir unsere Bitten nicht ständig drängerisch wiederholen, sondern sie als Beginn eines Gesprächs sehen, das sich für das korrigierende Reden Gottes und sein unerwartetes Handeln öffnet. Wer so bittet und hört, wird erleben, dass die Verheißung, die Jesus hier gegeben hat, stimmt.

Das führt zu einer neuen Bewertung meiner Gebetserfahrungen. Natürlich freue ich mich, wenn ich Gott um etwas bitte und er mir genau das gibt, was ich erbeten habe. Wertvoller aber sind die Gebetserhörungen, die nicht so glatt gehen. Denn bei der „einfachen" Erhörung habe ich zwar etwas bekommen, aber nicht viel für meinen Lebensweg gelernt. Wenn Gott mein Gebet nicht in meinem Sinn erhört, kann ich ihn fragen, wie er die Situation sieht. Und im weiteren Gebet, im Nachdenken, im Gespräch mit anderen und im Aushalten der ungeklärten Situation zeigt sich dann oft, warum Gott meine Bitte nicht erfüllen konnte. Wenn sich dann im Gespräch mit Gott ein neuer Weg zeigt, dann ist mein Gebet trotzdem erhört worden – und ich habe noch eine Menge über Gottes Sicht der Dinge gelernt. Was aber mache ich, wenn ich keine Klarheit über das gewinne, was Gott will? Dann kann ich nichts anderes tun, als das Schweigen Gottes zu akzeptieren. Und wenn ich das im Vertrauen darauf hinnehme, dass Gott das Gute will und tut, wird meine Motivation zu beten nicht eingeschränkt werden.

Wie sehr weiß ich, dass Gott nur Gutes für mich will?

Betet nun so ...

Betet nun so:
Unser Vater im Himmel,
geheiligt werde dein Name,
dein Reich komme,
dein Wille geschehe,
wie im Himmel, so auf Erden.
Unser tägliches Brot gib uns heute,
und vergib uns unsere Schuld,
wie auch wir vergeben unseren Schuldigern,
und führe uns nicht in Versuchung,
sondern erlöse uns von dem Bösen.
Denn dein ist das Reich und die Kraft
und die Herrlichkeit in Ewigkeit. Amen.
Matthäus 6, 9-13

In den Aussagen der Bergpredigt, die wir bisher angeschaut haben, beschäftigt sich Jesus mit den Gebetshaltungen und Gebetsformen, die das Gespräch mit dem Vater behindern, und ermutigt seine Zuhörer, Gott absolut zu vertrauen. Im Vaterunser nennt er nun die Inhalte, die für unser Gebet eine besondere Bedeutung haben. Ich gehe davon aus, dass uns Jesus mit dem Vaterunser keinen verbindlichen Gebetstext in die Hand geben wollte, sondern ein Beispiel, in welchen Horizont unser Gebet gehört.

In der vermutlich älteren Fassung des Vaterunsers bei Lukas (11,1-4) heißt die Anrede einfach „Vater". Das ermutigt uns, Gott so selbstverständlich anzusprechen, wie das ein Kind tut, wenn es seinen Vater ruft. Das ist keineswegs kumpelhaft, denn in einer gesunden Familie empfindet das Kind im Verhältnis zu seinem Vater beides, Nähe und Respekt. Der „Vater im Himmel" ist gleichzeitig nah und fern, er kümmert sich um mich persönlich und hält die ganze Welt in seiner Hand. Nähe und Respekt sind in unserem Verhältnis zu Gott wie die Brennpunkte einer Ellipse, deren Fläche unsere ganze Beziehung zum Vater im Himmel umschließt.

Die ersten drei Bitten des Vaterunsers beschäftigen sich nicht mit unserer Situation, sondern mit den Anliegen Gottes. Aber warum sollen wir dafür beten? Es kann ja nicht sein, dass nur dann der Name Gottes geheiligt wird, das Reich Gottes kommt und sein Wille geschieht, wenn wir es zu unserem Gebetsanliegen machen. Ich denke, es ist umgekehrt: Wir beten für Gottes Anliegen, damit sie uns bewusst werden, so dass wir sie zu unseren Anliegen machen können. Denn wenn wir darum bitten, dass Gottes Name geheiligt wird, werden wir versuchen, ihm den Platz in unserem Leben einzuräumen, der ihm zukommt. Wenn wir wollen, dass Gottes Reich kommt, werden wir versuchen, ihm den Weg zu ebnen. Und wenn es uns wichtig ist, dass sein Wille geschieht, werden wir versuchen, seinen Willen zu erkennen und zu unserem Willen zu machen. Im Himmel geschieht das ja schon: Dort wird Gott geheiligt, dort ist sein Reich gekommen, dort geschieht sein Wille. So soll es auch auf der Erde sein: Im Mittelpunkt unseres Betens steht also nicht das, was wir von Gott wollen, sondern das, was er von uns will. Die familiäre Atmosphäre im Gespräch mit dem Vater darf kein Gegensatz sein zum weiten Horizont des Himmels.

Erst jetzt wendet sich Jesus im Vaterunser den Fragen zu, die uns unmittelbar betreffen. Wie schon im ersten Teil sind hier nicht alle wichtigen Gebetsanliegen genannt, sondern nur Beispiele. Die Bitte um das tägliche Brot steht für die äußere Existenz und die Bitte um Vergebung für das Miteinander der Menschen. Beide Bereiche sind Gott wichtig, weil sie für uns lebensnotwendig sind. Es ist typisch für das Vatersein Gottes, dass er sein Reich und unser tägliches Leben in einem Atemzug nennt. Wie im Himmel soll auch auf Erden das geschehen, was dem Wesen und dem Willen Gottes entspricht, bis hinein in die äußeren und inneren Bedürfnisse des täglichen Lebens.

Die letzte Bitte ist nur zu verstehen, wenn wir sie mit der jüdischen Tradition zur Zeit Jesu vergleichen. Denn fromme Juden baten Gott in ihren täglichen Gebeten, sie in Versuchung zu führen. Sie wollten auf die Probe gestellt werden, damit sie Gott ihren vollkommenen Gehorsam beweisen konnten. Jesus wendet sich gegen diese Tradition, denn er kennt die Anfechtbarkeit des Menschen. So bittet er im Gegensatz zu seinen Zeitgenossen darum, dass Gott die Menschen nicht in Versuchung führt, sondern sie frei macht von der Wirkung der bösen Mächte. Gott ist nicht der Urheber der Versuchung, sondern sein Gegenspieler, der Satan. Vielleicht wird die Aussage des Textes deutlicher, wenn wir die Reihenfolge der beiden Aussagen umdrehen: „Errette uns von dem Bösen, damit wir nicht in Versuchung geführt werden."

Das Vaterunser hat eine großartige Botschaft: Der Mensch geht auf die Beziehung ein, die Gott ihm anbietet, übernimmt seine Ziele, vertraut sich ihm mit seinem ganzen Leben an und kann trotz der Erfahrung des Bösen in das Lob Gottes einstimmen, weil er als Kind Gottes Anteil hat an der Herrlichkeit seines Vaters. So kann er aus vollem Herzen in den Lobpreis einstimmen, der den „Schlussstein" des Vaterunsers bildet: „Denn dein ist das Reich und die Kraft und die Herrlichkeit in Ewigkeit. Amen."

Betet ohne Unterlass

Freut euch allezeit.
Betet ohne Unterlass.
Sagt in allem Dank.
1. Thessalonicher 5, 16-18

Ich habe lange Zeit um diesen Text einen Bogen gemacht, denn ich fand die Aussagen zu absolut – und natürlich auch unrealistisch. Ich kann mich nicht ständig freuen, rund um die Uhr beten und mich für alles, was ich erlebe, bedanken. Das änderte sich, als ich begann, mich mit der kommunikativen Seite des Gebets zu beschäftigen. Wenn das Gebet Ausdruck meiner Beziehung zu Gott ist, bekommt die Dauerhaftigkeit auf einmal einen Sinn. Ohne Unterlass zu beten heißt dann, ständig in der Beziehung mit Gott zu stehen und zum Gespräch bereit zu sein. Es ist wie in einer Ehe: Die Partner sind viele Stunden am Tag zusammen, aber sie reden nicht pausenlos miteinander. Doch wenn einer den anderen anspricht, ist dieser sofort zum Gespräch bereit. So hat das Beten ohne Unterlass einen Sinn: Ich kann Gott jederzeit ansprechen, und ich will auch für ihn immer ansprechbar sein.

Ähnlich sind dann wohl auch die anderen Aussagen unseres Textes gemeint. Ich kann mich nicht ständig freuen, aber die Freude kann ein Fundament meines Lebens werden, denn ich lebe in Gottes Schöpfung, ich bin durch Jesus Christus erlöst und mit dem Heiligen Geist erfüllt. Diese Freude verlässt mich auch dann nicht, wenn ich durch dunkle Zeiten gehe. Ich kann mich nicht für alles bedanken, was ich erlebe, aber der Dank kann zu einem Fundament meines Lebens werden, denn ich bin ein Kind Gottes und lebe in der Geborgenheit, die durch die Nähe zu ihm entsteht. Die fundamentale Freude und Dankbarkeit bestimmt meine Beziehung zu Gott, aber auch zum Leben. Das gibt mir eine große Freiheit, nicht nur in Gottesdiensten und persönlichen Gebetszeiten zu beten, sondern mein ganzes Leben in allen seinen Bereichen auf die Gesprächsbereitschaft mit Gott zu gründen. Ich kann mit ihm sprechen, wo und wann ich will, und er kann mich überall mit seinen Impulsen erreichen.

Sie verharrten einmütig im Gebet

Die Jünger aber verharrten einmütig im Gebet
mit einigen Frauen und Maria, der Mutter Jesu,
und mit seinen Brüdern.
Apostelgeschichte 1, 14

In diesem Text kommt uns die gemeinschaftliche Seite des Gebets entgegen. Sie spielt im Neuen Testament eine große Rolle, wird aber selten direkt thematisiert. So müssen wir eher „zwischen den Zeilen" lesen, wenn wir wissen wollen, wie das gemeinsame Gebet in den neutestamentlichen Gemeinden aussah. Der Kreis der Jünger und Jüngerinnen Jesu, der nach der Himmelfahrt zusammenblieb, bestand aus etwa hundertzwanzig Personen. Es geht aus dem Zusammenhang nicht eindeutig hervor, ob sie ständig zusammen waren oder sich nur zu bestimmten Zeiten getroffen haben. Von ihrem Gebet wird gesagt, dass sie „einmütig" darin „verharrten". Was bedeuten die beiden Worte „verharren" und „einmütig"? „Verharren" heißt nicht, dass sie ständig gebetet haben, sondern dass sie in ihrem Gebet „treu und beständig" waren. „Einmütig" ist man nicht, wenn alle einheitlich denken und handeln, sondern wenn eine „Einheit im Ziel" vorhanden ist.

Wie können wir uns das gemeinsame Gebet in den frühen christlichen Gemeinden vorstellen? Hier, im erweiterten Jüngerkreis, und in der späteren Gemeinde in Jerusalem spielte die Liturgie des Synagogengottesdienstes eine große Rolle. Aber vermutlich verband sie sich von Anfang an mit geistgewirkten Gebeten, die frei formuliert waren und spontan eingebracht wurden. Das Gebet der Gemeinde nach der Freilassung des Petrus und Johannes (Apg. 4, 24-30) bestand aus alttestamentlichen Zitaten und aktuellen Gebetsteilen, die ständig miteinander abwechselten, also aus einer Mischung von Liturgie und freiem Gebet. In den Gemeinden, die mit dem Wirken des Apostels Paulus verbunden waren, wie etwa Antiochia oder Korinth, kamen spontane Geisteswirkungen dazu. Der erweiterte Kreis der Jünger traf sich vermutlich einmal oder mehrmals am Tag zu Gebetszeiten, in denen sie Gott mit Psalmgebeten und Liedern lobten, ihre Anliegen im freien Gebet vor ihn brachten und versuchten, in der Stille auf die Impulse des Heiligen Geistes zu hören.

Wenn ihr betet ...

Mit diesen Worten leitet Jesus einige seiner wichtigsten Aussagen zum Thema Gebet ein. In den folgenden Thesen versuche ich, die in den Auslegungen gewonnenen Einsichten zusammenzufassen.

1. Gebet ist jede Kontaktaufnahme zwischen Gott und Mensch, sowohl in Worten, als auch in Gedanken. Die Initiative kann dabei vom Menschen, aber ebenso von Gott ausgehen. Ziel des Betens ist das Gespräch zwischen beiden Partnern, in dem sie ihre Beziehung ausdrücken.

2. Als Gespräch braucht das Gebet bestimmte Voraussetzungen, die Jesus im Bild von der Kammer deutlich macht: Alleinsein, um der Versuchung zu entgehen, um der Menschen willen zu beten; Abgeschiedenheit, in der es genug Zeit gibt, damit sich ein Gespräch entfalten kann; Stille, die bei der Konzentration auf Gott und beim Hören auf sein Reden hilft.

3. Die vielen Worte beim Beten nützen nichts – ob sie aus der Angst kommen, eine bestimmte „Gebetsleistung" zu verfehlen, oder aus der falschen Einschätzung, Gott die eigene Meinung aufdrängen zu können. Jesus wirbt darum, dass wir den Impulsen, die Gott beim Beten gibt, vertrauen.

4. Gott hört auf alle unsere Gebete, aber er erhört sie oft nicht so, wie wir uns das wünschen. „Glatte" Gebetserhörungen sind angenehm, aber wertvoller sind diejenigen, die uns dazu bringen, neu nach dem Willen Gottes zu fragen und dadurch unser Leben verändern zu lassen.

5. Gott identifiziert sich mit unseren Anliegen, soweit sie existenziell sind, denn er will, dass wir alles haben, was wir brauchen. Er erwartet aber auch, dass wir uns mit seinen Anliegen identifizieren, damit unser persönliches Gespräch mit dem Vater in die umfassende Perspektive des Reiches Gottes eingeordnet wird.

6. Beten ist nicht nur eine Sache bestimmter Gebetszeiten oder Veranstaltungen, sondern umfasst das ganze Leben. Das anhaltende Gebet ist nicht das ständige Reden mit Gott, sondern die ständige Bereitschaft, auf ihn zu hören und mit ihm ins Gespräch zu kommen.

7. Das gemeinsame Gebet hat dann eine besondere Chance, wenn es in Einmütigkeit geschieht, in der Gemeinschaft von Christen, die das gemeinsame Ziel haben, den Willen Gottes zu erkennen und einander so nahe sind, dass sie sich mit ihren unterschiedlichen Erkenntnissen, Erfahrungen und Impulsen ergänzen können.

2. Das persönliche Gebet

Als persönliches Gespräch zwischen dem Menschen und Gott ist jedes Gebet einmalig. Denn die Menschen sind verschieden, ihre Lebenssituationen sind es auch. Und weil Gott den Menschen als Gesprächspartner ernst nimmt, geht er auf diese Unterschiede ein. Gerade beim kommunikativen Gebet kann man daher nur sehr begrenzt allgemein gültige Aussagen machen. Soweit ich persönliche Erkenntnisse und Erfahrungen weitergebe, sind sie nur als Anregungen gedacht. Sie sollen einen Beitrag dazu leisten, einen eigenen Weg zum Gespräch mit Gott zu finden. Dieser wird nicht nur von der Person jedes Einzelnen abhängen, sondern auch von seinen konfessionellen Prägungen und geistlichen Grunderfahrungen.

Ich wende mich an Gott

Wenn wir beten, wenden wir uns fast immer von uns aus an Gott, um ihm unsere Anliegen zu sagen. Dieses „klassische" Gebetsmuster zeigt eine große Vielfalt. Vom Inhalt her bestehen die Gebete aus Bitte und Fürbitte, Klage, Lob und Dank oder Anbetung. Wir können unsere Anliegen in einem frei formulierten Gebet sagen oder liturgische Texte benutzen. Es gibt viele Anlässe für unsere Gebete: eine regelmäßige Gebetszeit, das Tischgebet, das Beten im Gottesdienst oder in einer Gebetsgruppe – aber auch spontane Impulse, weil uns ein bestimmtes Ereignis dazu anregt oder weil wir einfach das Bedürfnis haben zu beten. Dass wir uns mit unseren Anliegen an Gott wenden, ist die vorherrschende Form des Gebets, sowohl in der Bibel wie in den verschiedenen christlichen Traditionen.

Wenn wir uns im Gebet an Gott wenden, besteht immer die Gefahr, dass wir in die Sackgasse der vielen Worte oder der falschen Motive geraten, von denen wir bereits gesprochen haben. So kann unser Gebet etwa im psychosozialen Bereich stecken bleiben. Wir schütten Gott unser Herz aus, weil wir jemand brauchen, dem wir alles sagen können, erwarten aber nicht, dass er uns antwortet. So kann uns das Gebet zwar seelisch entlasten, aber der Trost, den Gott bereit hat oder die Korrektur, die wir dringend brauchten, kommt nicht bei uns an. Unser Gebet bleibt im Monolog stecken, wenn wir Gott überreden wollen, uns das zu geben, was wir uns wünschen. Gott wird uns nichts geben, was seinem Willen widerspricht – so bleiben unsere Gebete unerhört und Gottes Wille unerkannt. Und wer betet, um anderen seine Frömmigkeit zu demonstrieren, betet wie gegen eine Wand und erreicht Gott überhaupt nicht.

Diese falschen Wege haben alle einen richtigen Kern, der aber so stark übertrieben wird, dass wir trotzdem in eine Sackgasse geraten. Es ist gut, wenn wir Gott unser Herz ausschütten, aber es ist zu wenig, wenn wir in ihm nur denjenigen sehen, der uns zuhört. Denn dann werden wir das, was er uns sagen will, überhören. Es ist richtig, dass wir anhaltend beten, wenn wir ein wichtiges Anliegen haben – allerdings geht es dabei eher darum, anhaltend zu hören, und nicht, Gott immer neu zu bestürmen. Es ist sinnvoll, nicht nur persönlich mit Gott zu reden, sondern auch öffentlich zu beten. Einer kann das ausdrücken, was alle sagen wollen, und den Zuhörern die Möglichkeit geben, innerlich mitzubeten. Aber jeder, der öffentlich betet, sollte sich der Gefahr bewusst sein, dass sein Gebet schnell in eine Gebetsdemonstration umkippen kann und damit seine eigentliche Funktion verliert.

Wie sich unsere gewohnten Gebetsformen dem kommunikativen Anliegen öffnen können, sollen die folgenden Beispiele zeigen, die aus meinem eigenen Erfahrungsbereich stammen.

Bitte

Ich bete manchmal am Morgen darum, dass Gott mir hilft, die Prioritäten für die Arbeit an diesem Tag zu finden. Wenn ich eine solche konkrete Bitte ausspreche, bete ich nicht gleich weiter, sondern warte, ob Gott mir einen direkten Impuls gibt. Fallen mir dabei, oder auch nach dem Gebet, einige Prioritäten ein, schreibe ich sie auf. Ich sehe sie allerdings nicht als Weisungen Gottes, denn ich weiß, wie leicht ich mich täuschen kann, sondern als mögliche Hinweise. Wenn ich dann mit der Arbeit beginne, prüfe ich diese Impulse und versuche, sie in meine Planung für den Tag aufzunehmen. Meine Erfahrungen sind unterschiedlich: Einmal erhielt ich gleich nach meiner Gebetszeit einen Anruf, der die Prioritätenliste, die ich mir bei der Gebetsstille aufgeschrieben hatte, bestätigte. Ein anderes Mal passte überhaupt nichts zusammen, und so bat ich Gott um einen unverstellten Blick auf die Realitäten und richtete mich nach meiner Berufserfahrung. Wer sich auf das Gespräch mit Gott einlässt, sollte tastend und prüfend vorgehen, damit er nicht ständig die eigenen Impulse mit denen Gottes verwechselt. Dann aber erweist sich das hörende Gebet als sehr wertvoll, denn es bringt uns hilfreiche Impulse und führt gleichzeitig dazu, dass wir unsere eigenen täglichen Entscheidungen besser in den Horizont des Reiches Gottes einbringen können.

Gott das Herz ausschütten

Wenn ich verzweifelt bin, schütte ich einfach Gott mein Herz aus und kümmere mich nicht um irgendwelche „Gebetsregeln“. Denn es tut mir gut, dass ich ihm alles sagen kann, was ich auf dem Herzen habe. Aber auch hier ist es wichtig, dass mein Gebet den Gesprächscharakter nicht verliert. Denn es könnte ja sein, dass mir Gott etwas Wichtiges in meine Situation hinein sagen will – vielleicht will er mich unmittelbar trösten oder mir klarmachen, was ich in meinem Leben ändern sollte. Als meine Frau einmal längere Zeit krank war, beteten wir intensiv um ihre Heilung. Aber die Krankheit besserte sich kaum. Ich konnte das nicht verstehen und wurde beim Gebet fast ein wenig aggressiv: „Herr, das kannst du doch nicht machen. Wir beten dauernd für ihre Gesundheit, und es tut sich fast nichts." Obwohl ich ziemlich aufgewühlt war, versuchte ich zur Stille zu finden, um zu hören, ob Gott mir in dieser Situation etwas sagen wollte. Langsam wurde ich ruhig und konnte den Gedanken annehmen, dass Gott gute Gründe dafür hatte, dass die Heilung so langsam vor sich geht. Später wurde uns klar, dass diese Zeit des Wartens auf den jeweils nächsten Schritt für uns beide eine sehr wertvolle Zeit gewesen war, weil Gott verschiedene Bereiche unseres Lebens in diese Heilung mit einbezogen hatte. Ohne den Impuls aus der Stille hätte ich in meinem Gebet nur mit Gott gehadert und wäre nie zu dem inneren Frieden gekommen, der die Voraussetzung dafür war, dass Gott in dieser ganzheitlichen Weise handeln konnte.

Fürbitte

Wenn wir für einen anderen Menschen beten, nennen wir Gott dessen Not und bitten ihn um Hilfe. Im Sinne des kommunikativen Gebets ist das eine Gesprächseröffnung, in der wir die Not eines Menschen mit der Erwartung an Gott verbinden, dass er helfen kann.

Gottes Hilfe ist oft sehr praktisch und bezieht Menschen mit ein, vor allem diejenigen, denen der in Not geratene Mensch am Herzen liegt. So ist es für mich inzwischen ganz natürlich, dass ich bei einer Fürbitte frage: „Herr, hast du eine Botschaft für mich?“ Ich erlebe es immer wieder, dass ich dabei einen Impuls bekomme, der einen Beitrag dazu leisten kann, die Not zu lindern oder zu überwinden. So wurde mir einige Male klar, dass ich den Menschen, für den ich gebetet hatte, in Gedanken segnen sollte. Ich bekam den Impuls, einen Brief zu schreiben, ein Telefongespräch zu führen oder andere Menschen zu bitten, ebenfalls für dieses Anliegen zu beten. Als ich einmal für einen Kranken betete, hatte ich das Gefühl, längere Zeit im intensiven Gebet bleiben zu sollen und ihn zu segnen. Später stellte sich heraus, dass der Betreffende genau in dieser Zeit eine schwere Operation hatte, die gut ausging. So ist die Fürbitte in vielfacher Weise für das Anliegen des kommunikativen Betens offen und gibt Gott die Möglichkeit, uns als Beter in das einzubinden, was er tun möchte.

Dank

Lange Zeit konnte ich beim Danken keine kommunikative Seite entdecken, bis ich bei einem Gebetsgottesdienst eine wichtige Erfahrung machte. Eine junge Frau dankte Gott, dass sie ihre Zwischenprüfung bestanden hatte, obwohl ihre Vorbereitung dafür völlig unzureichend gewesen war. Daraufhin gab es eine Pause, denn wir empfanden alle, dass dieser Dank einen geistlichen Kommentar brauchte. Dieser kam dann auch in einer sehr überraschenden Weise, denn einer der Anwesenden sagte: „Bei deinem Gebet hatte ich den Impuls, dass Gott dir vielleicht nur deshalb geholfen hast, damit du nicht auch noch die letzte Motivation für dein Studium verlierst. Du solltest Gott viel eher dafür danken, dass du nun zwei Jahre Zeit hast, dich auf die Abschlussprüfung vorzubereiten." Das tat die junge Frau dann auch, und wir konnten alle von Herzen mit danken. Ohne diesen Kommentar hätte der Dank an Gott nur die mangelnde Motivation für das Studium vertieft, so aber öffnete er ein Stück Zukunftsperspektive.

Seit dieser Erfahrung verbinde ich meinen Dank oft mit der Frage, ob Gott noch einen Kommentar zu seinem Handeln hat. So kann ich mich nicht nur über das Gute freuen, das ich aus seinen Händen erhalten habe, sondern gleichzeitig lernen, so damit umzugehen, dass es auch weiterhin zum Segen wird.

Lobpreis

Während das Danken eine Reaktion auf ein bestimmtes Ereignis ist, beschäftigt sich der Lobpreis ganz allgemein mit der Größe Gottes. Deshalb werden wir in der Bibel immer wieder aufgefordert, Gott zu loben, weil wir dadurch seine Größe besser wahrnehmen können. Das allein hat schon eine kommunikative Seite, denn wenn ich in meinem Gebet Gott sage, dass er gut ist, sage ich es eigentlich mir selbst. So ist es wichtig, dass wir uns in unseren Gebeten und Liedern immer wieder klarmachen, dass Gott so ist, wie es z. B. der 145. Psalm sagt: „Groß ist der Herr und sehr zu loben. Gnädig und barmherzig ist der Herr, langsam zum Zorn und groß an Gnade. Aller Augen warten auf dich, und du gibst ihnen ihre Speise zu seiner Zeit. Der Herr ist gerecht in allen seinen Wegen und treu in allen seinen Werken." Wenn dieses Gottesbild mein Bewusstsein prägt, werde ich mich immer wieder vertrauensvoll an ihn wenden und meine Hoffnung auf ihn setzen.

Das wird noch deutlicher, wenn ich den Lobpreis nicht auf bestimmte Gebetszeiten oder Gottesdienste beschränke, sondern ihn zu meiner Lebenshaltung mache. Ich mache mir in meinem Alltag bewusst, wie groß Gott ist. So kann ich Gott loben, wenn ich eine schöne Landschaft sehe, Musik höre oder einen guten Kontakt zu einem Menschen habe. Ich freue mich, dass ich lebe, ich freue mich, wenn es jemand gut geht, und ich freue mich, wenn ein Mensch etwas Gutes tut. So mache ich mir bewusst, dass alles Gute in der Welt eine Wirkung von Gottes Gegenwart ist.

Anbetung

Keine Gebetsform ist so kommunikativ wie die Anbetung. Anders als bei der Bitte oder beim Lobpreis geht es hier überhaupt nicht darum, dass ich Gott etwas sage, sondern dass ich mich bewusst seiner Nähe aussetze. Ich ziehe mich in die Stille zurück, lese vielleicht ein Bibelwort, singe in Gedanken einen Liedvers und freue mich an dem Gefühl, dass Gott nahe ist. Das gelingt mir in alltäglichen Situationen weniger gut als in einer Kirche oder in einer schönen Landschaft. Denn bei der Anbetung sind mein Gefühl und mein Vorstellungsvermögen noch stärker beteiligt als bei Gebeten, bei denen es in erster Linie um Inhalte geht. In der Anbetung erwarte ich keine geistlichen Impulse, denn ich möchte Gott einfach anschauen, um ihn besser lieben und verstehen zu können. Manchmal überwältigt mich seine Größe, manchmal verstehe ich plötzlich etwas von seinem Handeln, was mir bisher fremd war, oder ich freue mich an der Geborgenheit, die seine Nähe bewirkt. Ich kann mich bei ihm ausruhen, ohne etwas Bestimmtes zu suchen oder zu wollen. Vertrauen, Geborgenheit und die Wahrnehmung der Größe Gottes sind Auswirkungen dieses innersten Kontaktes zu meinem Vater im Himmel. So weit es geht, fasse ich das, was ich erlebt habe, am Ende dieser Zeit in Worte und bete Gott an.

Gott wendet sich an mich

Wer jede Kommunikation zwischen Gott und Mensch als Gebet versteht, unabhängig davon, wer die Initiative ergreift, wird staunen, wie viele Gebete dadurch zustande kommen, dass Gott das Gespräch beginnt. Am häufigsten erlebe ich das beim Bibellesen. Ein Wort aus dem fortlaufenden Bibeltext oder die Losung spricht mich unmittelbar an. Früher habe ich das einfach zur Kenntnis genommen und vielleicht etwas intensiver über den Inhalt nachgedacht. Heute nehme ich solche Impulse mit in die Stille und frage Gott, ob er mir damit etwas Bestimmtes sagen will. Das ist natürlich nicht immer der Fall, aber manchmal kommt ein Gedanke oder ein Hinweis aus der Stille, den ich mit dem Reden Gottes in Verbindung bringen kann. Mit solchen Impulsen gehe ich fragend und prüfend um, denn es besteht immer die Gefahr, dass ich meine Lieblingsgedanken mit dem Reden Gottes verwechsle. So taste ich mich vor, bis ein inneres Ja kommt. Wenn das nicht geschieht, lege ich den Impuls wieder weg und konzentriere mich nur noch auf die inhaltliche Aussage des gelesenen Textes.

Vor einigen Tagen las ich in der Losung das Wort: „Ihr sollt merken, dass ein lebendiger Gott unter euch ist" (Jos. 3, 10). Ähnliche Aussagen hatte ich natürlich schon oft gelesen, aber dieses Mal sprach mich das Wort ganz unmittelbar an, und nach einer Zeit der Stille kam es in meinen Gedanken zu folgendem Dialog mit Gott:

Ich: „Herr, ich habe in letzter Zeit selten gemerkt, dass du als lebendiger Gott unter uns bist."

Er: „Du bist auch nicht sehr aufmerksam gewesen, sondern hast dich mit allem Möglichen beschäftigt."

Ich: „Das soll heute anders werden."

Er: „Dann musst du deine Zeit anders einteilen. Denn wenn du dir so viel vornimmst wie in den letzten Tagen, wirst du trotz aller Bemühungen meine Gegenwart nicht wahrnehmen."

Das Reden Gottes habe ich natürlich nicht laut gehört, sondern den Eindruck gehabt, dass Gott mir etwas in der Richtung sagen will, die ich in diesem kurzen Dialog formuliert habe. Ich beschäftigte mich nach diesem Gebet eine Weile mit meiner Zeiteinteilung und verschob einige Aufgaben auf später. Und tatsächlich erlebte ich an diesem Tag mehrere Dinge, in denen ich das unmittelbare Handeln Gottes erkannte: ein Gespräch mit meiner Frau, in dem wir eine wichtige Einsicht gewinnen konnten; ein Telefongespräch, das endlich zustande kam und mir viel Zeit ersparte; ein Spaziergang, bei dem mich die Schönheit der Schöpfung Gottes besonders ansprach. Am Nachmittag war ich meiner Zeitplanung sogar voraus, und so kam ich nicht in Druck, als sich überraschender Besuch ankündigte.

Es ist nicht immer ein Bibelwort, mit dem mich Gott anspricht, es kann ebenso ein Zitat aus einem Buch, ein Wort aus einer Predigt oder eine Aussage in einem Gespräch sein. Er kann mich durch irgendein Ereignis darauf aufmerksam machen, dass er mit mir reden will, oder mir irgendwann den Impuls geben, besonders auf ihn zu hören. Als ich einmal auf der Autobahn fuhr, hatte ich plötzlich den Eindruck, ich sollte auf den nächsten Parkplatz fahren. Erst dachte ich, dass es einen Unfall oder einen Stau gegeben haben könnte, aber in den Verkehrsnachrichten gab es keinen entsprechenden Hinweis. So saß ich eine Weile da und erlebte, wie sich meine Gedanken immer stärker auf ein bestimmtes Problem konzentrierten. Ich notierte mir einiges auf einem Zettel und fuhr dann etwas verunsichert weiter. Hatte ich mich verhört? Als es am Abend nach meinem Vortrag zu einer Diskussion kam, stellte eine Teilnehmerin eine Frage, die unmittelbar mit dem Thema zu tun hatte, mit dem ich mich bei meinem Aufenthalt auf dem Parkplatz beschäftigt hatte. Ich konnte der Fragestellerin eine hilfreiche Antwort geben und wusste nun auch, warum ich den Impuls gehabt hatte, auf den Parkplatz zu fahren.

Wie redet Gott?

Ein echtes Gespräch findet nur dann statt, wenn jeder der Gesprächspartner versteht, was der andere meint. Mit Gott als Gesprächspartner haben wir dabei keine Probleme: Er versteht uns selbst dann, wenn wir uns unklar ausdrücken oder selbst noch nicht genau wissen, was wir meinen. Umgekehrt ist es viel schwieriger, denn alles, was uns Gott sagen will, muss Eingang in unser Bewusstsein finden. Und dieses Bewusstsein ist ja nicht leer, sondern angefüllt mit eigenen Gedanken, Gefühlen und Impulsen. Wenn wir auf Gott hören wollen, müssen sich seine Gedanken und Impulse so von unseren unterscheiden lassen, dass sie als sein Reden erkennbar werden.

Das Menschliche und das Göttliche voneinander zu unterscheiden ist ein schwieriger Prozess, der häufig zu keinen eindeutigen Ergebnissen führt. Trotzdem müssen wir diesen Versuch immer wieder neu machen, wenn wir auf das Hören der Stimme Gottes nicht verzichten wollen. Und weil eine völlige Eindeutigkeit selten zu erreichen ist, sind wir darauf angewiesen, uns in diesem Prozess vorsichtig an eine Entscheidung heranzutasten, ohne uns vorschnell festzulegen. Was kann uns helfen, die Gedanken und Impulse, die von Gott kommen, von denen zu unterscheiden, die sich in unserem eigenen Bewusstsein entwickelt haben?

1. Ich finde es besonders wichtig, dass wir uns klar machen, dass uns Gottes Reden im Allgemeinen in den Formen erreicht, die wir auch sonst kennen. Es sind Gedanken, Gefühle und Impulse, die sich in ihrer Art und Weise nicht oder nicht sehr deutlich von dem unterscheiden, was uns ständig bewusst wird. Das motiviert mich, nicht auf ein besonderes Eingreifen Gottes zu warten, sondern ihn in meinem normalen Leben zu suchen.

2. Damit wir Gott verstehen können, kommt sein Reden nicht „steil von oben", sondern ist in unsere Person und unseren Erfahrungshorizont eingeordnet. Gott möchte, dass wir mit unserem eigenen Verstand und unseren eigenen Sinnen erfassen, was er meint. Wir sollen ihm vertrauen, aber wir brauchen das nicht „blind" zu tun, sondern dürfen sein Reden auf der Ebene unserer Erkenntnis und Erfahrung reflektieren. Sonst geraten wir in die Zerreißprobe, dem, was wirklich oder vermeintlich von Gott kommt, blind zu vertrauen oder es total abzulehnen.

3. Irgendwo beginnt es, dass ich bei einem Gedanken oder Impuls vermute, Gott könnte am Reden sein. Das kann sich auf ganz verschiedene Weise ereignen: Vielleicht richtet sich meine Aufmerksamkeit in einer ungewohnten Deutlichkeit auf einen solchen Gedanken, oder ich komme immer wieder auf ihn zurück. Vielleicht ist der Impuls so stark, dass ich Herzklopfen spüre.

4. Wenn so etwas geschieht, frage ich mich zunächst, ob es eine andere Begründung dafür gibt, dass ich diesen Impuls so stark empfinde. Vielleicht beschäftigt mich dieser Gedanke schon lange, oder er entspricht genau meinen eigenen Wünschen. Seine Bedeutung kann auch mit einer bestimmten Erfahrung zu tun haben, die ich gemacht habe. Schließlich kann es sich um etwas handeln, was in meiner Gruppe oder Gemeinde ein hohes Prestige hat. Wenn ich etwas Ent-

sprechendes vermute, lege ich den Impuls wieder weg und bitte Gott, einen neuen Anlauf zu machen, wenn es sich trotzdem um sein Reden handelt.

5. Bleibt die Wahrscheinlichkeit hoch, dass Gott zu mir geredet hat, versuche ich, den Impuls zu prüfen. Widerspricht er einem Grundgedanken der Bibel? Stimmt er mit meiner Lebenserfahrung nicht überein? Spüre ich irgendein Unbehagen? Wenn ich angesichts dieser Fragen eher ein Nein als ein Ja habe, lege ich den Impuls ebenfalls wieder weg. Allerdings darf das in diesem Stadium der Prüfung noch nicht endgültig sein, denn Gott kann auch etwas offenbaren, was mich schon lange beschäftigt, ein hohes Prestige hat oder nicht mit meiner bisherigen Lebenserfahrung übereinstimmt. Deshalb bleibe ich dafür offen, dass Gott auf diese Gedanken und Impulse zurückkommen kann.

6. Haben die verschiedenen Schritte der Prüfung nichts Negatives erbracht, rechne ich damit, dass es sich um ein echtes Reden Gottes handelt. Ich nehme die Gedanken und Impulse trotzdem nicht als absolute Offenbarung Gottes, denn das würde meine Möglichkeit der Prüfung überfordern. Aber sie sind eine Ausgangsbasis, die mir hilft, einen Weg zu beginnen, oder die mich auf meinem bisherigen Weg bestätigen. Endgültig wird erst die Zukunft entscheiden, ob ich dadurch fähiger geworden bin, den Willen Gottes zu erkennen und ihm zu folgen.

7. Es ist wichtig, einen sinnvollen Mittelweg zwischen Reflexion und Spontaneität zu finden. Ich kann das Reden Gottes dadurch abwürgen, dass ich so lange prüfe, bis jede Dynamik verschwunden ist. Ich kann alles, was mir beim Bibellesen und Beten einfällt, ungeprüft als Reden Gottes ansehen und dadurch auf schlimme Irrwege geraten. Wer sich längere Zeit bemüht hat, das Reden Gottes von den eigenen Gedanken und Impulsen zu unterscheiden, wird allmählich so viel Erfahrung damit sammeln, dass es ihm ganz gut gelingt – vor allem dadurch, dass er immer wieder aus seinen Fehlern lernt.

Bleibt noch die Frage, ob es nicht besser ist, auf das hörende Gebet und das Gespräch mit Gott zu verzichten, wenn die Prüfung so kompliziert ist. Aber bleibt uns denn eine andere Wahl? Wenn wir uns der Aufgabe, göttliche und menschliche Impulse voneinander zu unterscheiden, nicht stellen, können wir nur noch zwischen zwei Einstellungen wählen, die gleich schlecht sind: Entweder verzichten wir darauf, auf Gottes Impulse zu hören, oder wir übernehmen alles ungeprüft. Wer dagegen fragend und prüfend mit den Gedanken und Impulsen, die von Gott stammen könnten, umgeht, wird häufig erleben, dass es mit Gott eine wirkliche Kommunikation gibt, die das Leben bereichert.

Gott redet durch sein Wort

Die Bibel als Gottes Wort gibt die gültige Wahrheit wieder, die wir aber nur dann entdecken, wenn wir bewusst daran arbeiten. Wir wollen ihre grundlegenden Aussagen verstehen, die Zusammenhänge erkennen und das Wissen aufnehmen, das verschiedene Ausleger zusammengetragen haben. Daneben kann man die Texte auch ganz persönlich lesen und dabei die Frage stellen: „Herr, was willst du mir damit heute sagen?" Beides sind gleich wichtige, aber verschiedene Zugänge zur Bibel, die wir beide brauchen, damit sie sich gegenseitig ergänzen können. Das, was ich beim Lesen der Bibel für mich erkenne, muss ich an der allgemein gültigen Wahrheit des Wortes Gottes prüfen. Und wer die Bibel studiert, sollte sich auch ihrer Herausforderung für das eigene Leben stellen. Für die persönliche Bibellese hat sich seit Jahrzehnten die Form der „Stillen Zeit" bewährt, vor allem auch deswegen, weil sie für das hörende Gebet und das Reden Gottes viel Raum lässt. Die Schritte, die dabei sinnvoll sind, möchte ich im Folgenden beschreiben.

1. Man sollte sich einen Raum suchen, in dem man ungestört ist und eine Atmosphäre vorfindet, die dazu beiträgt, dass man sich gut konzentrieren kann.

2. Zunächst liest man einen Bibeltext, am besten nach einem fortlaufenden Bibelleseplan. Die Abschnitte

sollten nicht zu lang sein, damit der Text langsam und nachdenklich gelesen werden kann.

3. Nach dem Lesen des Textes folgt eine Zeit der Stille, in der man über den Text nachdenken und die Impulse wahrnehmen kann, die sich dabei einstellen.

4. Am besten schreibt man sich die Gedanken und Impulse einfach so auf, wie sie kommen, denn dann muss man nicht sofort den Versuch machen, die „Spreu vom Weizen" zu trennen.

5. Anschließend kann man das, was man aufgeschrieben hat, ein wenig sortieren. Meistens gibt es Gedanken zum Text, Gebetsanliegen und Fragen an Gott. Außerdem werden wir oft an Dinge unseres Alltags erinnert, die wir übersehen oder nicht ernst genommen haben.

6. Wenn man jetzt betet, sind die Anliegen meist viel konkreter als sonst, und weil bestimmte Fragen dabei sind, die man Gott stellen möchte, kommt das Gespräch mit ihm auch leichter in Gang.

7. Die Gedanken, die man als wichtig empfindet, kann man sich ankreuzen. Hilfreich ist es, sie nach einer Woche noch einmal durchzuschauen und zu sehen, was aus den Impulsen geworden ist.

Die Stille Zeit kann man auch gemeinsam mit dem Ehepartner oder einem Gebetspartner halten. Manche

Erfahrungen?

machen die Stille Zeit allein, treffen sich aber in bestimmten Abständen mit einem Partner, mit dem sie die Impulse besprechen, prüfen und sich klarmachen, was aus ihnen geworden ist. Die Ergänzung durch einen Zweiten ist bei einer so individuellen Form der Bibellese und des hörenden Gebets eine wertvolle Hilfe.

Gott redet im Schweigen

Stille ist die Abwesenheit des Lauten, der Geräusche und der Worte, die uns umgeben. Sie ist eine wichtige Voraussetzung dafür, dass wir auf Gott hören können. Schweigen ist mehr: Es ist die Abwesenheit der Gedanken und Gefühle, die ständig in unserem Bewusstsein sind. Das Schweigen ist ein Zustand unserer Seele, der uns in den Tiefenschichten unserer Person öffnen kann. Wenn wir vor Gott schweigen, wird daraus ein geistlicher Raum, in dem wir unserem Vater im Himmel begegnen können. Weil unsere Gedanken und Gefühle im Schweigen keine Rolle mehr spielen, erwarten wir hier auch kein konkretes Reden Gottes, sondern rechnen einfach mit der Erfahrung seiner Gegenwart. Wenn wir im Schweigen ganz bei Gott sind, können wir auch ganz bei uns sein. Die Ebene der Beziehung zwischen Gott und Mensch ist nicht mehr das Reden, sondern das Sein. Und dabei begegnet uns Gott auf eine neue, tiefere, existenzielle Weise, denn wir können mit ihm eins werden.

Wer Gott im Schweigen begegnen möchte, um ein besserer Mensch und Christ zu werden, wird die Einheit mit ihm nicht finden, denn seine Gedanken können sich nicht vom Erfolgsdenken lösen. Das einzige Motiv, das hier zählt, ist die Liebe. So wie sich die Liebe zwischen Menschen nach Nähe sehnt, ist es auch in meiner Beziehung zu Gott. Ich trete ins Schweigen ein, um ihm zu begegnen.

Wer Gott im Schweigen begegnen möchte und so bleiben will, wie er ist, wird die Einheit mit ihm nicht finden. Denn das Loslassen der Gedanken und Gefühle werde ich nur dann nicht blockieren, wenn ich bereit bin, Neuland zu gewinnen. Es ist damit die metanoia gemeint, das Umdenken, das zu einer Umkehr der Richtung des eigenen Lebens führt, die auch radikale Veränderungen mit einschließt. Das Schweigen braucht mein grenzenloses Vertrauen zu Gott, dass ich in seine Hände falle, wenn ich mich auf das Ungewohnte einlasse.

Wer Gott im Schweigen begegnen möchte, braucht einen Ort der Stille und Konzentration. Das kann ein besonderer Raum sein, den ich mir einrichte, das kann in der Natur sein, aber auch da, wo ich lebe und arbeite. Wenn ich in meinem Arbeitszimmer zum Schweigen finden will, verlasse ich meinen Schreibtisch und kniee mich hin. Oft schaue ich dabei eine Lithografie von Marc Chagall an, die in meinem Zimmer hängt und das ganze Leben Jesu zeigt, von der Geburt bis zu Kreuz und Auferstehung.

Wer Gott im Schweigen begegnen will, muss den

Schritt von der Stille zum Schweigen wagen. Ich setze mich entspannt hin und lasse meine Gedanken und Gefühle ziellos schweifen, bis sie allmählich ihre Deutlichkeit verlieren und mich langsam verlassen. Wenn ein Gedanke immer wiederkehrt, löse ich mich bewusst von ihm und „schicke" ihn weg. Wenn ich zum Schweigen gefunden habe, stelle ich mir vor, dass Gott bei mir ist und sich darüber freut, dass ich ihm nahe bin.

Das Schweigen vor Gott dauert vielleicht fünf Minuten oder auch länger, und ich kann nicht voraussagen, was dabei geschieht. Es tut mir gut, bei Gott zu sein, und ich spüre, dass ich mich dabei auch selbst finde. Im Schweigen vor Gott verblassen meine Anliegen, und ich gebe meine Versuche auf, bewusst auf ihn zu hören. Aber ich spüre, dass Geist, Seele und Körper belebt werden. Für mich ist das Schweigen das wichtigste Tor zur Anbetung Gottes, in der ich mit ihm zusammen bin, ihn anschaue und mich an seiner Gegenwart freue.

Gott redet im Alltag

Wir haben gesagt, dass „allezeit" beten bedeutet, immer in Hörbereitschaft auf Gott zu sein. Aus dieser Sicht ist der Alltag ein Bereich, der dem Reden Gottes nicht weniger zugänglich ist als Gottesdienste und Gebetszeiten. Allerdings ist das Erscheinungsbild des Wirkens Gottes im Alltag anders: schlichter, leiser und kaum von den gewohnten Worten, normalen Erfahrungen und üblichen Ereignissen im säkularen Raum zu unterscheiden. Wenn wir diese Alltagsspiritualität erkennen lernen, werden wir im alltäglichen Leben ebenso viele Erfahrungen mit dem kommunikativen Gebet machen wie in unserer persönlichen Gebetszeit oder im Gottesdienst. Das sollen einige Beispiele verdeutlichen.

Ich suche mir mitten im Trubel des Alltags einige Minuten Zeit zur Stille, in denen ich die Gegenwart Gottes wahrnehmen will, um zu beten und zu hören. Das ist nicht so schwer, wie es scheint: Ich setze mich in der Stadt auf eine Bank, ich schließe im Zug für eine Weile die Augen, ich nutze einen Stau oder entspanne mich am Schreibtisch, wenn es die Möglichkeit einer kurzen Pause gibt. Je nach Beruf und Lebenswirklichkeit kann hier jeder seine eigenen Formen finden. Voraussetzung dafür ist allerdings ein Lebens- und Arbeitsstil, bei dem ich mich nicht von der totalen Hektik überrennen lasse.

Manchmal habe ich den konkreten Impuls: Halte inne! Ich habe schon die Begebenheit erzählt, bei der ich, ohne zu wissen warum, auf einen Autobahnparkplatz gefahren bin. Im Alltag gibt es viele Ansatzpunkte dieser Art: Ich nehme nicht mein Handy, um noch schnell ein wichtiges Gespräch zu führen, sondern versuche zu hören, ob Gott mir etwas sagen will. Ich sage meinen Mitarbeitern, dass ich für zehn Minuten nicht gestört sein will. Ich nütze natürliche Pausen, um sie im Gebet zu verbringen. Solche Impulse, innezuhalten, kommen nur ab und zu, aber wenn ich sie erlebe, haben sie meist eine Bedeutung, die ich nachvollziehen kann. Doch im Allgemeinen erschließt sie sich erst im Nachhinein. So habe ich einmal erlebt, dass ein solcher Impuls kam, bevor ich ein schwieriges Telefongespräch führen musste. In der Stille wurde mir etwas klar, was für dieses Gespräch sehr wichtig wurde.

Im Alltag bin ich von ständig wechselnden Ereignissen umgeben: Ich führe Gespräche, warte auf einen Zug, höre Nachrichten oder muss eine Entscheidung fällen. Ich kann das, was dabei geschieht, immer wieder mit der Nähe Gottes verknüpfen, die ich mir allerdings in diesen Situationen bewusst machen muss. Ich sehe einen Menschen vor mir und habe den Impuls, ihn im Stillen zu segnen. Ich höre eine Nachricht und frage Gott, was sie für mich bedeutet. Ich erlebe einen Menschen, der mir hilft, und danke ihm. Im Stillen danke ich auch Gott für dieses Zeichen, dass es das Gute in der Welt gibt. Ich treffe einen mir unbekannten Menschen und erlebe, wie Gott daraus eine Begegnung schafft, die für uns beide wertvoll ist. Diese Erfahrungen fallen nicht aus der Art heraus, in der uns die Wirklichkeit des Alltäglichen auch sonst begegnet. Aber weil ich sie mit dem Handeln Gottes in Verbindung bringen kann, sind sie für mich ein wesentlicher Faktor von Gottes Gegenwart.

Wenn ich wache Augen habe, kann ich im Alltag auch dann Gott begegnen, wenn nichts Konkretes geschieht. Ich freue mich über eine schöne Landschaft und danke Gott für seine Schöpfung. Ich schaue mir ein Kunstwerk an und begeistere mich dafür, dass Gott seine Kreativität an Menschen weitergegeben hat. Und dann die vielen Menschen: Jeder und jede ist anders, ein Zeichen der unendlichen schöpferischen Kraft Gottes. Überall kommt mir etwas vom Lebensatem des Schöpfers entgegen, und selbst hinter der Erschöpfung und Aggressivität eines Menschen ist zu sehen, dass Gott jeden Menschen als unverwechselbare Person geschaffen und ihm die Freiheit gegeben hat, sein Leben zu gestalten.

Unsere Welt ist von Gott, sie gehört ihm, und er gibt sie nicht auf, obwohl sie von seinem Gegenspieler so verunstaltet worden ist. Wenn ich einatme und ausatme und damit den „Lebensodem" spüre, den Gott dem Menschen eingehaucht hat, begreife ich, dass ich überall in Gottes Welt lebe, am Werktag wie am Sonntag, in der U-Bahn wie in meinem Arbeitszimmer, auf einem Berggipfel wie bei einem konfliktreichen Gespräch.

Das Jesusgespräch

Eine besondere Art des Betens habe ich von Giovannino Guareschi und seiner Romanfigur des Don Camillo gelernt. Denn Don Camillo ging, wenn er in Schwierigkeiten war, immer zum Kruzifix in seiner Kirche und redete mit Christus, der ihm dann direkt antwortete. Manchmal sprach ihn auch Jesus von sich aus an, wie in dieser kleinen Szene, als die Kurie in Rom ihm einen jungen, modernen Priester schickte, um das „Urgestein" Don Camillo aufzubrechen:

Don Camillo lief in der leeren Kirche auf und ab und suchte vergeblich den richtigen Anfang der Rede, die er halten wollte, als Christus ihn rief.

„Don Camillo, was tust du? Hast du vergessen, dass die wahre Kraft der Diener Gottes in der Demut liegt?"

„Herr", beteuerte Don Camillo, „das habe ich nie vergessen, und ich stehe hier vor Euch als der demütigste Eurer Diener."

„Don Camillo, es ist leicht, sich vor Gott zu demütigen. Dein Gott ist Mensch geworden und hat sich vor Menschen gedemütigt."

„Herr", klagte Don Camillo tief bekümmert und breitete die Arme aus, „warum sollte ich denn alles zerstören?"

„Du zerstörst nichts. Du gibst dem Bild einen neuen Rahmen, aber das Bild bleibt das gleiche."

„Herr", wandte Don Camillo demütig ein, „aber sie sind die Tradition; die Erinnerung, der Weg durch so viele Jahre ..."

„Alles wunderschöne Dinge, die nichts mit dem Glauben zu tun haben. Du liebst diese Dinge, weil sie dich an deine Vergangenheit erinnern. Wahre Demut heißt, auf die Dinge zu verzichten, die man am meisten liebt."

Don Camillo beugte das Haupt und sprach: „Ich gehorche, Herr."

Diese Art zu beten hat mich angeregt, es selbst auf eine solche Weise zu versuchen. Ich nenne Jesus ein Anliegen oder sage ihm, in welcher Situation ich mich sehe. Danach stelle ich mir vor, was er mir wohl antworten würde. Das schreibe ich mir auf, und so kommt im Laufe einer Gebetszeit ein ganzes Gespräch zustande. Natürlich weiß ich, dass die Antworten in meinem eigenen Bewusstsein entstehen und ich sie Jesus zunächst nur in den Mund lege. Aber ich habe oft die Erfahrung gemacht, dass es sich wirklich um das Reden Gottes handelt, vielleicht deshalb, weil ich eine so unmittelbare Antwort erwarte. Es fällt mir leichter, so ein direktes Gespräch mit Jesus und nicht mit Gott zu führen, weil Jesus selbst Mensch war und durch die Berichte der Evangelien ein „Gesicht“ bekommen hat. Gerade in Notsituationen versuche ich, in so ein unmittelbares Gespräch mit Jesus zu kommen, auch wenn ich weiß, dass die Antworten Jesu zunächst nur in meinem Bewusstsein entstehen und ebenso geprüft werden müssen wie alles andere, was mir als Reden Gottes erscheint.

3. Das gemeinsame Gebet

Im persönlichen Gebet bin ich mit Gott allein. Das gibt mir die Möglichkeit, bis in meine intimsten Bereiche hinein offen mit ihm zu reden und mich im Hören ganz auf meine eigene Situation zu konzentrieren. Bei aller Bedeutung des persönlichen Gebets stößt es aber auch bald an seine Grenzen. Denn was ich selbst nicht verstehe, kann mir Gott nur schwer verständlich machen. Und wenn ich in meinem Denken auf Abwege gerate oder mich beim Hören auf das Reden Gottes verhöre, ist niemand da, der mich korrigieren kann. Hier setzt die große Chance des gemeinsamen Gebets ein. Es betet jemand mit, der mein Anliegen unterstützt. Es hört jemand mit, der das, was ich vom Reden Gottes nicht aufnehmen kann, ergänzt. Es ist jemand da, der mich korrigiert, wenn ich mit meinen Wünschen oder mit meinen Vorstellungen vom Willen Gottes auf Abwege gerate. Dazu muss allerdings eine wirkliche Gemeinschaft im Gebet entstehen, im Sinne der *koinonia*, der „Gemeinschaft im Geben und Nehmen".

„Gebet in der Gemeinschaft" oder „Gemeinschaft im Gebet"?

Die meisten traditionellen Gebetsgemeinschaften bestehen aus einzelnen Gebeten, die „nacheinander" gebetet werden. Jeder betet so, als sei er mit Gott allein, und weist damit den anderen Teilnehmern eine passive Rolle zu. Das gemeinsame „Amen“ soll zwar das Gebet des Einzelnen bekräftigen, aber in der Praxis hat es eher die Funktion, das Ende des einen Gebets anzuzeigen, damit der Nächste beten kann.

Dies ist dann zwar ein „Gebet in der Gemeinschaft“, aber noch lange keine „Gemeinschaft im Gebet“. Sie kann erst dann zustande kommen, wenn die Beter ihre Gebete als Teil eines gemeinsamen Ganzen sehen, in dem ihre Beiträge aufeinander bezogen sind. Was der eine betet, setzt der andere fort. Wenn jemand eine Frage an Gott hat, kann ein anderer die Antwort für ihn hören. Wenn eine Not genannt wird, können andere sich zu dem Betroffenen stellen und für ihn beten. Und wenn Gott zu den Betenden redet, kann jemand den einen Teil und andere die weiteren Teile dieses Redens Gottes wahrnehmen, so dass sie in der Gebetsgemeinschaft wie ein Mosaik zusammengesetzt werden.

Den Unterschied zwischen dem „Gebet in der Gemeinschaft“ und der „Gemeinschaft im Gebet“ möchte ich an einem aktuellen Beispiel verdeutlichen. Während des Terroranschlags auf das World Trade Center war ich gerade auf einer Pastorentagung. Am Abend versammelten wir uns statt des vorgesehenen Programms zu einer Gebetszeit. Die Gebete waren alle von tiefer Betroffenheit erfüllt, aber trotzdem beteten alle nacheinander und nicht miteinander. Die Not, die aus manchen Gebeten deutlich wurde, fand keine unmittelbare Reaktion, und wenn Gott uns an diesem Abend etwas hätte sagen wollen, wäre keine Gelegenheit gewesen, gemeinsam darauf zu hören. Irgendwie blieben wir in einer seltsamen Distanz, die mir in dieser Ausnahmesituation stärker auffiel als bei sonstigen Gebetszeiten dieser Art. Es fehlte die Möglichkeit zum Gespräch mit Gott, und wenn wir sie geschaffen hätten, wäre sie von Gott vielleicht genutzt worden.

Anschließend fanden sich einige kleine Gruppen zusammen, um weiter zu beten. Ich beobachtete fünf Personen, die in einer Ecke des Tagungsraumes saßen. Es gab einzelne Gebetssätze, viel Stille, Tränen, Trost durch die anderen, und nach einiger Zeit segneten sich die Betenden gegenseitig. Hinterher erzählte mir jemand, dass sie im Gebet Gott vor allem gefragt hätten, was sie am nächsten Sonntag im Gottesdienst ihrer Gemeinden tun sollten. Während am Ende der Tagung viele Pastoren und Pastorinnen sehr unsicher waren, wie sie die Ereignisse am nächsten Sonntag in ihren Gemeinden auffangen sollten, war es in dieser kleinen Gebetsgruppe Schritt um Schritt klar geworden, welche Akzente der Situation angemessen waren. Hier war aus dem „Gebet in der Gemeinschaft" eine „Gemeinschaft im Gebet" geworden.

Das kommunikative Beten in der Gemeinschaft einer Gruppe oder der Gemeinde ist in vielen kirchlichen Traditionen so stark in Randbezirke abgedrängt, dass man es neu einüben muss, wenn man es verwirklichen will. Dazu können die folgenden Schritte eine Hilfe sein:

1. Die Gebetsgruppe oder auch die ganze Gemeinde bereitet sich biblisch und praktisch auf das kommunikative Beten vor. Das geschieht am besten in einem Seminar, denn die Stille und das Aufeinander-Hören im Gebet sind für viele so fern von ihrer bisherigen Gebetserfahrung, dass es ohne Einführung und Einübung nicht geht. Wenn eine Anzahl von Gottesdienstbesuchern ein solches Seminar besucht hat, kann das kommunikative Beten auch im Gottesdienst seinen Platz finden.

2. Wichtig ist, dass man eine Sitzordnung hat, die der kommunikativen Ausrichtung des Gebets entspricht. In einer Gebetsgruppe sollte man sich im Kreis setzen oder, wenn sie größer ist, in einem mehrfachen Halbkreis. Im Gottesdienst kann man zur Gebetsgemeinschaft aufstehen oder nach vorn kommen, um dort wie in der Gebetsgruppe einen Kreis oder mehrere Halbkreise zu bilden.

3. Reden und Hören sollte beim Gebet in einem sinnvollen Verhältnis stehen. Bei der Einführung in das kommunikative Beten sage ich meistens, dass Gott uns zwei Ohren, aber nur einen Mund gegeben hat und dass es sinnvoll sei, beim Beten wenigstens doppelt so lange zu schweigen wie zu reden. Wenn also jemand einen Gebetssatz ausspricht, sollte man wenigstens

doppelt so lange schweigen, damit jeder das Gesagte selbst bewegen kann.

4. Im Gottesdienst werden die Aussagen der Predigt und die Anliegen der Betenden die Gebetsgemeinschaft bestimmen. Wenn wir aus der Stille heraus beten, können sich die Gebete aber durch einen Impuls, den jemand einbringt, auch in eine ganz andere Richtung bewegen, vielleicht gerade dorthin, wohin Gott unsere Gedanken und unser Tun lenken möchte. Das Beten ganz ohne inhaltliche Voraussetzungen, das noch offener für das Reden Gottes ist, werde ich unter dem Stichwort „Beten aus dem Hören" beschreiben (Seite 62ff).

5. Eine traditionelle Gebetsgemeinschaft braucht kaum eine Leitung, höchstens dazu, an der richtigen Stelle Schluss zu machen. Das ist beim kommunikativen Beten anders. Die Leitung sollte dann eingreifen, wenn jemand die kommunikative Ebene verlässt, indem er z.B. ein langes Gebet spricht, das bei den anderen die Einstellung auf das Hören unterbricht. Auch kurze Gebete können eine ähnliche Wirkung haben: Jemand stellt im Gebet eine Frage an Gott. Statt Zeit zu lassen, darauf zu hören, betet jemand zu einem ganz anderen Thema weiter, indem er etwa Gott für irgendetwas dankt. In der Einführung in das kommunikative Gebet und im behutsamen Eingreifen bei solchen Geschehnissen kann die Leitung versuchen, einen Raum zu schaffen und zu erhalten, in dem wir miteinander auf

Gott hören und eine wirkliche Gemeinschaft im Gebet bilden können.

Beten aus dem Hören

Während das kommunikative Beten in der Gebetsgemeinschaft von den Anliegen der einzelnen Beter ausgeht, sie aber mit dem Hören auf Gott und aufeinander verbindet, konzentriert sich das „Beten aus dem Hören" ganz auf das, was Gott uns sagen will. Wir warten auf die Themen, die Gott anstößt, und beschäftigen uns mit den Menschen und Situationen, die er in den Mittelpunkt stellt. Wir bilden zwar die Gebetsgruppe, aber wir warten dabei auf das, was der Initiative Gottes entspringt. Auch hier braucht die Gruppe für diese Art des Betens eine entsprechende Einführung und Einübung. Im normalen Sonntagsgottesdienst ist das „Beten aus dem Hören" kaum anwendbar, denn es braucht eine relativ kleine Gruppe und viel Zeit. Man kann aber zum Beispiel an einem Sonntagabend einen Gebetsgottesdienst feiern, der nach dem Prinzip des „Betens aus dem Hören" abläuft. Wie sieht diese Gebetsform aus?

Die Gruppe darf nicht zu groß sein. Ideal sind 20 bis 25 Personen, größere Gruppen sind denkbar, wenn die Teilnehmer Erfahrungen mit dem kommunikativen Gebet haben. Die Grenze liegt dort, wo man ein Mikrofon braucht, um sich zu verstehen. Man darf nicht unter Zeitdruck stehen, denn das „Beten aus dem Hören" braucht mehr Zeit als konventionelle Gebetsformen, weil es viel Stille benötigt. Die Gruppe sollte eine Zeit von einer bis anderthalb Stunden einplanen, aber in der Lage sein, diese Zeit auch einmal zu verlängern, wenn es von der Dichte und Entwicklung des Betens her gefordert ist.

Im Folgenden beschreibe ich den typischen Ablauf einer Gebetszeit, die nach dem Prinzip des „Betens aus dem Hören" durchgeführt wird.

Wir sitzen im Kreis, und die Mitte haben wir so gestaltet, dass sie zur Konzentration und zur Wahrnehmung der Gegenwart Gottes beiträgt. So kann man etwa ein Kreuz in die Mitte legen und es durch Kerzen und Blumen ergänzen.

Am Anfang steht eine Zeit der Stille, die vielleicht fünf Minuten dauert. Sie sollte so bemessen sein, dass die Gruppe eine gewisse Dichte des Schweigens erreicht, aber nicht so lang sein, dass die Konzentration wieder nachlässt. Niemand gibt ein Thema vor, weder durch eine Bibellese noch durch ein Lied oder einen Verkündigungsteil. Denn wir wünschen uns, dass sich aus den ersten spontanen Impulsen ein Thema entwickelt, das zum Ausgangspunkt des Betens aus dem Hören wird.

Nach der Zeit der Stille werden die ersten Beiträge eingebracht. Jemand stimmt eine Liedstrophe an, einige beten, ein anderer liest einen Abschnitt aus der Bibel. Wir haben gelernt, dass es für die Kommunikation von Vorteil ist, wenn dabei die Gebete, Gedanken, Bibeltexte und Lieder nur *einen* Grundgedanken enthalten. Diesen kann jeder der Mitbetenden aufnehmen, um sich daran anzuschließen. Das heißt, dass man sich nur mit einem kurzen Gebet, einem Gedanken, einem Bibel- oder einem Liedvers beteiligen sollte. Wenn sich der Schwerpunkt dieses ersten Teils herausgestellt hat, kommen Gebete, Bibeltexte, vielleicht ein prophetisches Wort oder Bild und eine Auslegung im Sinne eines kurzen Lehrbeitrags dazu. Liedverse oder kurze Lieder können diese Gebete und Gedanken ab und zu unterbrechen, wenn sie etwas mit dem Thema zu tun haben. Nach einiger Zeit wird deutlich, dass dieser Teil abgerundet ist, und zur Überleitung zum zweiten Teil hält man wieder eine Zeit der Stille, um die Gedanken und Impulse des ersten Teils in sich nachklingen zu lassen.

Der zweite Teil wird im Allgemeinen für persönliche Anliegen genutzt. Jemand bittet z.B. Gott um Hilfe in einer schwierigen persönlichen Entscheidung. Aus der Gruppe werden einige Fragen gestellt, bis allen der Hintergrund der Situation klar geworden ist. Aus der Stille heraus, die nun folgt, gibt es Beiträge zu diesem Anliegen aus dem Teilnehmerkreis. Sie können eine Richtung angeben, in der man die Entscheidung suchen kann; oft aber bleibt auch die Ratlosigkeit bestehen, die man dann gemeinsam vor Gott bringt. Eher selten gibt es ein eindeutiges prophetisches Wort, das dann von der ganzen Gruppe geprüft werden muss. Nach den Gebeten, die sich auf das eingebrachte Anliegen beziehen, stehen meist zwei oder drei der Teilnehmer/innen auf, legen der betroffenen Person die Hände auf und segnen sie. Manchmal wird eine

Krankheitsnot eingebracht, eine Berufsentscheidung, ein möglicher neuer Schritt in der Gemeindearbeit oder andere persönliche und gemeindliche Anliegen. Es ist gut, wenn sich die Gruppe in diesem Teil auf wenige Anliegen konzentriert, damit man einer Sache wirklich nachgehen kann. Natürlich gilt für diesen Teil nicht die Empfehlung der Kürze aller Beiträge, denn manchmal muss ausführlicher berichtet werden, und auch die Fürbitte oder das Segensgebet braucht nicht auf wenige Sätze beschränkt zu werden. Wenn die persönlichen Anliegen eingebracht worden sind, endet die Gebetszeit im Allgemeinen mit Dank und Lobpreis.

In einer abschließenden Austauschrunde können Fragen zum Geschehen in der Gebetszeit gestellt, nicht eingebrachte Beiträge nachgeholt und unklare Situationen besprochen werden. Es ist wichtig, dass der abschließende Austausch stattfindet, denn hier können die offen gebliebenen Fragen aufgenommen werden. Manchmal kommt es vor, dass man das Gebet noch einmal aufnimmt, um eine bestimmte Not vor Gott zu bringen, jemanden zu segnen oder Gott um sein Eingreifen zu bitten, weil sich diese Anliegen erst beim Austausch gezeigt haben. Der Austausch bietet auch die Möglichkeit, Beiträge, die mit dem Anspruch eingebracht worden sind, Gottes unmittelbares Reden zu sein, zu prüfen. Ich frage die Anwesenden beispielsweise, ob bei einem solchen prophetischen Wort Fragen aufgekommen sind oder jemand ein ungutes Gefühl hat. Wenn das der Fall ist, gehen wir den Anfragen nach. Manchmal führen sie zu einem besseren Verständnis dessen, was gesagt worden ist, manchmal verdeutlichen sie aber auch, dass der Beitrag offensichtlich kein direktes Reden Gottes gewesen ist. Damit wird das Gesagte nicht bedeutungslos, aber es ist dann nur eines von vielen Beiträgen. Wenn sich die Gruppe einig ist, dass hier ein unmittelbares Reden Gottes vorliegt, beten wir darum, dass Gott dieses Wort segnet und uns hilft, richtig damit umzugehen.

Kommunikatives Gebet im Gottesdienst

In den traditionellen Gottesdiensten sind kommunikative Formen des Gebets fast unmöglich oder erfordern eine intensive Vorbereitung. Das gilt nicht nur für die Gottesdienstordnungen in den Landeskirchen, sondern auch für die „ungeschriebenen" Regeln in den meisten freikirchlichen Gemeinden. So kann ich hier nicht mehr tun, als die bescheidenen Ansätze zu beschreiben, die ich bei Reformversuchen und Erneuerungsbewegungen kennen gelernt habe oder selbst ausprobieren konnte. Auch wenn ich von meinem eigenen Hintergrund her stärker von freikirchlichen Erfahrungen ausgehe, halte ich diese Ansätze auch in den Landeskirchen für denkbar, zumal sie zum Teil auch aus diesem Bereich kommen. Man muss überall die Gemeinden für das Anliegen gewinnen, dann in kleinen Schritten Erfahrungen vermitteln und eine Balance zwischen traditionellen und kommunikativen Formen des Betens finden.

Liturgie und kommunikatives Gebet

Im Lebenszentrum für die Einheit der Christen in Schloss Craheim, das ich 1968 mitgegründet habe, versuchten wir von Anfang an, Liturgie und freies, hörendes Gebet miteinander zu verbinden. Wir erlebten, dass diese Verknüpfung die Liturgie lebendiger macht, weil sie einen Wechsel von Tradition und Spontaneität ermöglicht. Und wir stellten fest, dass auch das freie Gebet von der Anbindung an die Liturgie profitiert, weil manche Abschweifungen und Lieblingsthemen eingegrenzt werden. Wie machten wir das? Wir klammerten einfach einen bestimmten Teil der Liturgie aus und überließen das entsprechende Anliegen dem spontanen Beten aus dem Hören. Ein liturgischer Lobpreis kann auf diese Weise eine Aktualisierung erfahren, weil das grundlegende Lob Gottes mit den persönlichen Erfahrungen der Betenden verbunden wird. So kann man auch das Sündenbekenntnis oder die Anbetung Gottes ganz oder teilweise frei gestalten. Meist beginnt man einen solchen Teil mit den ersten Worten der entsprechenden Liturgie und beendet ihn mit ihren Schlussworten.

In freikirchlichen Gemeinden, die keine Liturgie kennen, mache ich es oft umgekehrt, indem ich das freie Gebet mit einem liturgischen Text verbinde. So kann man, um beim Gewohnteren anzuknüpfen, einen Psalm mit dem freien Beten verbinden. Als Liturg bete ich einen Abschnitt aus dem Psalm, und nach einer kurzen Stille können die Teilnehmer des Gottesdienstes die Gedanken des Bibeltextes spontan weiterbeten, indem sie Impulse aus der Stille einbringen und ihre eigenen Anliegen und Erfahrungen mit dem Psalmtext verbinden. Dabei erlebe ich immer wieder besonders konzentrierte Gebetsgemeinschaften, vom Hören auf den Bibeltext und das aktuelle Reden Gottes geprägt, wobei liturgisches und freies Beten sich sehr gut ergänzen. Nach meinen Erfahrungen ist es sehr hilfreich, wenn sich Gemeinden, die durch die Liturgie geprägt sind, solchen „Inseln“ des freien Gebets öffnen. Und umgekehrt ist es ebenso wichtig, dass sich Gemeinden, die nur das freie Gebet kennen, für Teile ihres Gebets einer Liturgie anvertrauen.

Die Gebetskette

Bei einer Gebetskette werden kurze Gebete, die meist nur aus einem Satz bestehen, wie die Perlen einer Kette aneinander gereiht. Das Grundprinzip dieser Art des Betens habe ich schon bei der Gebetsgemeinschaft beschrieben. Die Gemeinde betet nicht nacheinander, sondern versteht die einzelnen Gebetssätze als Teil des gemeinsamen Gebets. Nach jedem Gebetssatz gibt es eine kurze Stille, damit alle Anwesenden den Inhalt dieses Gebets persönlich aufnehmen können. Oft genügt allein das, um die Gebete miteinander zu einem Ganzen zu verknüpfen. Denn wenn jemand seine Not vor Gott ausspricht und die Gemeinde Zeit hat, dieses Anliegen aufzunehmen, wird sie sich hinter die Not stellen und nicht auf ein ganz anderes Thema ausweichen. Und wenn an anderer Stelle jemand Gott für sein barmherziges Eingreifen dankt, können sich die Anderen mitfreuen und in den Dank einstimmen.

Das Aufeinander-Hören ist also die „Kette", welche die „Perlen" zusammenhält. So findet man bei der Gebetskette fast immer einen „roten Faden", und manchmal mehr als das: Die Gebetssätze können sich zu einem Mosaik zusammenfügen und vielleicht sogar einen Eindruck vermitteln, welche Schwerpunkte Gott setzen möchte. Weil sich viele an diesem Gebet beteiligen, ist die Gefahr, dass einzelne Beter die anderen im Sinne ihrer Ziele beeinflussen, geringer, als wenn einer allein betet.

Wenn eine Gebetsgemeinschaft einen solchen Schwerpunkt bekommt, muss er natürlich hinterher ebenso geprüft werden wie alles, was aus dem Hören auf Gott zu kommen scheint. Das kann durch ein Gremium der Gemeindeleitung geschehen oder durch die ganze Gemeinde, in der Art und Weise, wie ich das bereits beschrieben habe.

Zwischen den einzelnen Gebetssätzen sollte kein „Amen" gesagt werden, um den Fluss des ganzen nicht zu unterbrechen. Das gemeinsame „Amen“ am Schluss der Gebetszeit ist dann die Bekräftigung der Gebete, die von der ganzen Gemeinde ausgesprochen wird. Gebetsversammlungen, vor allem solche, in denen man prophetische Aussagen erwartet, die geprüft werden müssen, brauchen eine Leitung. Sie sollte das Gebet so einleiten, dass alle zur Stille kommen können, und zum richtigen Zeitpunkt die Gebetszeit abschließen. Eingreifen muss sie nur dann, wenn einzelne Gebete ausufern oder Aussagen gemacht werden, die andere verwirren können.

Lobpreis

In zunehmendem Maße gibt es in den Gemeinden einen Lobpreisteil, der besonders gut zur Öffnung für das kommunikative Gebet geeignet ist. Allerdings darf man dann nicht pausenlos Lieder singen lassen und sie nur von vorbereiteten Bibelworten und Texten unterbrechen lassen. Denn dann bleibt die Gemeinde in der Konsumhaltung und kann sich nicht mit ihren unterschiedlichen Begabungen und Anliegen beteiligen. Es hat sich bewährt, am Anfang und Schluss einige Lieder singen zu lassen und dazwischen eine Zeit von vielleicht zehn Minuten auszusparen, in der Gebete, Bibelworte und Impulse aus dem Kreis der Gemeinde laut werden können. Auch hier ist es wichtig, dass sich kurze Gebete und Momente der Stille abwechseln, und manchmal wird die Leitung dafür sorgen müssen, dass die Gebetszeit nicht von langen Gebeten besetzt oder von einzelnen Personen für ihre Selbstdarstellung missbraucht wird.

Segnung

Wenn eine Gemeinde für das Segnen offen ist, geschieht es meistens in speziellen Segnungsgottesdiensten, die nur einen Teil der Gemeinde ansprechen. So gut es ist, auf diese Weise die Gelegenheit zum Segnen zu schaffen, so wichtig wäre es, dies auch im Sonntagsgottesdienst zu ermöglichen. Ich habe kürzlich in einer nicht speziell charismatisch geprägten freikirchlichen Gemeinde einen Segnungsteil im Sonntagsgottesdienst erlebt, der mich durch seine Integration in das normale Gemeindeleben beeindruckt hat. Nach der Predigt lud der Gemeindepastor zur Segnung ein, und er musste nicht viel dazu sagen, weil die Gemeinde diese Praxis kannte. Eine Instrumentalgruppe begann zu spielen, während sich der Pastor, ein Ältester der Gemeinde und eine Frau aus dem Leitungskreis vor die Gemeinde hinstellten. Diejenigen, die ein Anliegen hatten, kamen nach vorn, gingen zu einer der Personen und nannten ihr Anliegen. Danach wurde mit ihnen unter Handauflegung gebetet. Es waren viele Ehepaare dabei, die teilweise mit ihren Kindern kamen. Die Begegnung zwischen denen, die gesegnet werden wollten, und denen, die segneten, war herzlich und sehr persönlich. Man merkte, dass die Segnung ein Teil des Gemeindelebens war. Der Strom derer, die sich eine Segnung wünschten, riss erst ab, nachdem etwa sechzig Menschen, rund ein Drittel der Anwesenden, nach vorn gekommen waren, so dass der Gottesdienst sehr viel länger dauerte als üblich. Ich hatte den Eindruck, dass diejenigen, die während dieser langen Zeit auf ihren Plätzen blieben, intensiv mitgebetet haben, und es ging auch niemand vorzeitig weg. Am Schluss begann die Gemeinde, das Lied, das die Instrumentalgruppe gerade spielte, mitzusingen, und danach endete dieser Gottesdienst mit dem Segen.

Jeder Kontakt mit Gott, den ich in Worten oder Gedanken erlebe, ist Gebet, und das Bewusstsein der ständigen Beziehung zu meinem Vater im Himmel ist das Fundament meines Betens. Das Gebet als Gespräch mit Gott ist also keine spezielle Gebetsform, die ich zusätzlich zu meiner bisherigen Art des Betens hinzugewinnen sollte, sondern das Lebenselement des Gebets, das alles Beten durchdringt. Es kann meine Bitten und Klagen, meinen Dank und meinen Lobpreis bestimmen, sei es im freien oder im liturgischen Gebet. Es ist keine Weiterführung unserer Gebetstraditionen, sondern die Erfüllung des Ziels unserer Gebete. Denn wir wollen beim Beten mit Gott in Beziehung sein, ihm alles sagen können, was wir auf dem Herzen haben, und von ihm alles hören, was er uns sagen will.

Jesus hat mich gelehrt, zu Gott als meinem Vater zu beten. Aber natürlich kann ich mich auch an Jesus wenden oder den Heiligen Geist ansprechen. Die Art meiner Anrede in meinen Gebeten drückt aus, welche Vorstellungen mich leiten, wenn ich den Kontakt zu Gott suche. Jedes ernsthafte Gebet kommt bei Gott an, denn er ist Vater, Sohn und Heiliger Geist in einem. Gott hat mit meinen Gebeten keine Verständnisprobleme, und er wird es verstehen, wenn ich ihn oder Jesus so anrede, wie ich das kann, auch da, wo ich mir selbst noch nicht klar bin, was ich beten soll. Wir müssen also das Beten im Sinne des Redens mit Gott kaum lernen, wohl aber das Hören auf ihn. Und damit wir Gott dabei verstehen, brauchen wir den weiten Horizont seines Reiches, wie ihn uns das Vaterunser zeigt.

Wir alle haben noch viel zu lernen, wenn wir hören wollen, was Gott sagt. Deshalb habe ich dieses Buch geschrieben, obwohl ich selbst mitten im Lernen bin und mich eher als einen Anfänger in Sachen kommunikatives Gebet einschätze. Der Nachholbedarf ist groß, und es ist gut, wenn wir als Angehörige verschiedener Konfessionen und Prägungen gemeinsam lernen, damit neben unseren neuen Erfahrungen die Schätze der Tradition, die wir in sehr verschiedener Weise mitbringen, nicht verloren gehen. Gott öffnet sich für uns, damit wir ihm unsere Anliegen sagen können, die uns bewegen, und er erwartet von uns, dass wir uns für ihn öffnen, damit er mit uns reden kann.

Ich möchte hören, was du sagst,
Vater im Himmel.
Im Vertrauen auf deine Gegenwart
schütte ich dir mein Herz aus
und sage dir alles, was mich bewegt.
Du antwortest mir
und lässt mich an deinen Gedanken teilhaben.
Ich bin dir so nahe,
dass du mich ins Vertrauen ziehen kannst
und mir deine Wege offenbarst.
Ich sage dir, Gott,
was ich auf dem Herzen habe,
und will hören, damit du mir sagen kannst,
was du auf dem Herzen hast.

Literaturhinweise

Die Auszüge auf Seite 55 über das *Jesusgespräch* entstammen dem Ullstein-TB 2890, Seite 14ff. von Giovannino Guareschi, Don Camillo und die Rothaarige, Frankfurt 1985.

Roland Brown, Die lebendige Macht des Gebets, Wuppertal und Kassel 1987

Richard Foster, Gottes Herz steht allen offen. Eine Einladung zum Gebet, Wuppertal und Kassel 1994

Siegfried Großmann, Der Geist ist Leben. Hoffnung und Wagnis der charismatischen Erneuerung, Wuppertal und Kassel 1990

Anselm Grün, Gebet als Begegnung, Münsterschwarzach 1990

Peter Lincoln, Der Raum in mir. Erste Schritte auf dem Weg zur Stille, Moers 1997

Leanne Payne, Dich will ich hören, Herr. Wie man durch das Führen eines Gebetstagebuches das leise Reden Gottes besser versteht, 3. Auflage Wiesbaden 2001

Otto Hermann Pesch, Das Gebet, Mainz 1980

Gerhard Ruhbach, Theologie und Spiritualität, Göttingen 1987

Hans-Jürgen Schulz, Im Blickpunkt: Beten, Berlin 1982

Eduard Schweizer, Die Bergpredigt, Göttingen 1982

Reihe Geistlich leben

Geistlich leben – was heißt das?
- Aus Gott und für Gott leben
- Von Gottes Geist belebt und erleuchtet, gestärkt und geführt
- Beschenkt mit Gaben, die nach Entwicklung und Anwendung verlangen
- Nicht stehen bleiben in toten Gewohnheiten, in Theorie und Ritual, in Gesetzlichkeit und Betrieb

Geistlich leben – eine Buchreihe, die Anregung und Hilfe gibt zu einem solchen Glauben und Leben

Gerhard Ruhbach

Geistlich leben

Wege zu einer Spiritualität im Alltag

Eine Einführung in die Praxis des gelebten Glaubens; nach den eigenen Worten des Verfassers so etwas wie eine Speisekarte, die auf den Geschmack bringen und zu eigener Besinnung anregen möchte. Bestell-Nr. 3-7655-5481-2

Reinhard Deichgräber

Gottes Willen erkennen und tun

Wie kann ich Gottes Willen erkennen? Manchen Menschen scheint dies die schwierigste aller Fragen. Das Buch gibt überraschende Antworten, biblisch fundiert, auf Erfahrung gegründet. Bestell-Nr. 3-7655-5482-0

Wolfgang Kubik

Verschlossenheit und Sehnsucht

Begleitende Gespräche mit jungen Menschen

Jugendarbeit gilt heute als schwierig. Das Buch zeigt, was möglich wird, wenn man die Fragen junger Menschen ernst nimmt, wenn man ihnen etwas zutraut und ihnen ein Leben in verbindlicher Gemeinschaft zumutet. Bestell-Nr. 3-7655-5483-9

Reinhard Deichgräber

Und unterwegs wirst du ein anderer Mensch

Vom Wunder der Wandlung

Das Buch spricht Menschen an, die spüren: So kann es mit mir nicht weiter gehen. Es ermutigt zu Aufbruch und Wanderschaft und zeigt, wie ein Mensch sich im Unterwegssein wandelt. Bestell-Nr. 3-7655-5484-7

Stefan Kunz

„Ihr seid meine Freunde"

Von der Freundschaft mit Gott

Es klingt überheblich, wenn sich jemand als Freund Gottes bezeichnet. Aber zu solcher „Überheblichkeit" ermutigt Jesus. Beispiele aus Bibel und Kirchengeschichte machen uns die Gottesfreundschaft lieb. Bestell-Nr. 3-7655-5485-5

Dietrich Woesthoff

Der Anpassung widerstehen

Christliche Spiritualität und die Macht der Technik

Zu wenig nehmen wir die Herausforderung des Glaubens durch die Technik ernst. In sorgfältigen Analysen führt das Buch zu faszinierenden Entdeckungen: Muße, Sonntagsfeier, Abendmahl, Askese sind Antwort auf die technisierte Welt. Bestell-Nr. 3-7655-5486-3

Paul Martin Clotz

Unterwegs mit Gott

Ökumenische Pilgerwege

Wallfahrten waren in biblischer Zeit selbstverständlicher Brauch. Wir haben den Segen solcher Pilgerfahrten neu entdeckt. Das Buch zeigt erprobte Möglichkeiten zur Gestaltung von Reisen zu Zielen, die uns glauben helfen. Bestell-Nr. 3-7655-5487-1

Rolf Kempf

Kerzen, Chöre und Ikonen

Geistliches Leben in der orthodoxen Kirche

Was wir von den Ostkirchen lernen können, zeigt das Buch in liebevoller Darstellung an wichtigen Beispielen auf.
Bestell-Nr. 3-7655-5488-X

Reinhard Deichgräber

Stufen des Glaubens – Stufen des Lebens

Auch der Glaube hat seine Biographie, wandelt sich von Stufe zu Stufe.
Bestell-Nr. 3-7655-5489-8

Siegfried Großmann

Zwischen Zukunftsangst und Zukunftshoffnung

Dem Glauben ist der Weg der Zuversicht gewiesen, mit dieser Hoffnung ist er in die Welt gesandt. Bestell-Nr. 3-7655-5490-1

Ruth Meili

Mein Herr und mein Gott

Das Leben vor Gott zur Sprache bringen

Zwei Grundformen des Betens begegnen uns im Psalter: Klage und Lob. Sie bestimmen die Gebete in diesem Buch. Die Texte sind aus persönlicher Erfahrung gewachsen: aus der Begegnung mit Jesus Christus und seiner heilenden Gegenwart. Bestell-Nr. 3-7655-5491-X

Karl Heinrich Ehrenforth

Gott singen mein Leben lang

Jeder kann ein „Kantor Gottes" werden. Jeder singt sein Lebenslied zum Preis Gottes. Das Buch zeigt, wie dies in Gottesdienst und Alltag geschieht, und gibt Anregungen für den Berufskantor wie für den Laien. Bestell-Nr. 3-7655-5492-8